等你在清华北大

杨开泰 / 主编

清华大学出版社
北京

内 容 简 介

黄冈中学作为全国著名中学，拥有悠久历史。多年来，学校高考一直保持 75% 左右的重点大学录取率，先后有 600 多名学生考入或被保送到清华大学和北京大学等国内知名大学深造，创造了一个又一个高考神话，也体现了治学严谨的黄冈中学精神。

本书选取了 27 名近三年来从黄冈中学考入或被保送至清华大学、北京大学等名牌院校的学生，讲述他们的成长经历、学习方法和应试技巧等，分享他们的心路历程、学习故事，并由黄冈中学名师予以点评，以帮助中学生找到适合自己的学习方法，充分发挥个人潜能，从而赢得高考的成功，考入理想的大学。

本书封面贴有清华大学出版社防伪标签，无标签者不得销售。

版权所有，侵权必究。举报：010-62782989，beiqinquan@tup.tsinghua.edu.cn。

图书在版编目（CIP）数据

等你在清华北大/杨开泰主编. —北京：清华大学出版社，2013（2025.2 重印）

ISBN 978-7-302-33737-9

I. ①等… II. ①杨… III. ①中学生-学习方法-高中 ②高等学校-入学考试-经验 IV. ①G632.474 ②G632.46

中国版本图书馆 CIP 数据核字（2013）第 204531 号

责任编辑：金书羽
封面设计：刘　超
版式设计：文森时代
责任校对：李虎斌
责任印制：丛怀宇
出版发行：清华大学出版社
　　　　　网　　址：https://www.tup.com.cn，https://www.wqxuetang.com
　　　　　地　　址：北京清华大学学研大厦 A 座　　邮　编：100084
　　　　　社 总 机：010-83470000　　邮　购：010-62786544
　　　　　投稿与读者服务：010-62776969，c-service@tup.tsinghua.edu.cn
　　　　　质量反馈：010-62772015，zhiliang@tup.tsinghua.edu.cn
印 装 者：小森印刷霸州有限公司
经　　销：全国新华书店
开　　本：170mm×240mm　　印　张：18　　字　数：201 千字
版　　次：2013 年 9 月第 1 版　　印　次：2025 年 2 月第 18 次印刷
定　　价：49.80 元

产品编号：053716-02

编委会名单

主　编：杨开泰

编　委（排名不分先后）：

曾献智　陈维毅　杜五洲　汪响林　陈文科　李　琳
罗　欢　徐　敏　王小敏　赵　峰　秦　鹏

PREFACE 前言

黄高精神与他们的故事

在湖北省东部、大别山南麓，扬子江边，青云塔下，有一座美丽的校园，她就是培育出了数以万计的国家栋梁之才的黄冈中学。黄冈中学是中国教育界历久不衰的"传奇"，多年来，学校高考一直保持98%以上的升学率和 75%左右的重点大学录取率，多次夺得全省文理科状元，先后有600多名学生考入或被保送到北京大学和清华大学等著名大学深造；数理化学科竞赛成绩始终居全省首位，共获省级以上奖励 3000 余人次，获国家级奖励 2000 余人次。被誉为"孕育英才的基地，培养国手的摇篮"、"普通中学的一面旗帜"。

也许正是这样一个原因，清华大学出版社的娄编辑在去年年底就向我约稿组编《等你在清华北大》这本书。当接到娄编辑的电话时，我的内心是忐忑不安的。让他们写什么呢？学习方法，成长故事，心路历程，他们能写好吗？不安不仅仅是对清华大学出版社和黄冈中学这一招牌的敬畏，还有一份不自信，怕辜负了广大读者的希望和期盼。但当我接到这些走出去的学子的来稿后，我的心释然了，他们用自己的行动和语言再次阐释了什么是黄高人，什么是黄高精神。我认为黄高学生的精神就是自强不息、艰苦奋斗的精神，就是团结协作、攻克难关的精神，就是坚韧自信、乐观旷达的精神，就是爱国爱校、包容创新的精神。

透过这些学生的讲述，我们同样可以看出黄高老师们身上的那种为人师表、爱岗敬业、甘于奉献的精神，育人和风细雨、施教精益求精的精神。一位毕业了的学生在写给他的老师的新年贺卡上曾这样写道："感谢老师在过去三年里对我的关心和教导。在我觉得最无望的时候，您始终是相信并鼓励我的。当我回首起过去的岁月，始终是感到温暖的。而您的鼓励将会鞭策我在未来的路上走得更远，看得更高。我想这也是您对每一个学生的期望吧。"或许这代表了众多黄高学生的心声！

千年临皋亭，屹立于黄冈中学，苏轼曾于此创作了千古绝唱"二赋一词"，给后人留下了不朽的精神财富。百年黄冈中学，享誉海内外，薪火相传，黄高的老师们在默默地做一位东坡文化的传承者，教会学生坚韧自信、乐观旷达、从容淡定，享受知识之乐、智慧之乐、人生之乐。

目前黄冈中学也面临着一些问题，但她是一所有着百余年厚重办学历史的学校，积淀下来的优良传统还会在一代代的教师和管理者的身上传承，相信这些问题在今后的发展过程中会得到一一化解，学校在"宽以育人，严以养德"的办学思想的指导下，会为师生创造更好的教学氛围，教学质量会得到进一步的提升。我知道全国有很多中学在硬件和软件上都超过黄冈中学,但黄高精神是独特的,本书选取了近三年来考入清华、北大等名校的部分学生来讲述他们的故事,他们的感受体验是真实的、原汁原味的,他们对学习方法的总结是精炼的、有效果的,如果这本书能够给后学者带来一点启发,也就不违背我们的初衷了!

最后衷心感谢为这本书的出版付出了大量心血的各位老师和同学,感谢学校领导对我个人组稿行为的宽容,感谢清华大学出版社娄编辑对我的鼓励!因为有了你们的支持和参与,才有了我组稿的勇气和力量。因为有了你们的帮助,才有了这本书的顺利问世!谢谢你们!

编 者

2013 年 5 月 29 日

CONTENTS 目录

01 / 永不逝去的青春 / 李飞

逝者如斯夫，不舍昼夜。每一次当我捡起那时光的片段，就好像看老照片一样，慢慢地有了岁月侵蚀的痕迹，但这些画面也渐渐变得珍贵起来。也正是不断地拾捡，我的生命中有了一段永不逝去的青春——黄高的岁月。

11 / 高考到底有多重要 / 王佳

在我的高中时代，困扰了我整整三年的问题不多，但"高考到底有多重要"这个问题却算是其中之一。我会时常在想：高考失败了会怎样呢？高考真的对人生很重要吗？没有参加高考的成功人士不也很多吗？然后我便会沉浸其中，久久地得不到答案。

等你在清华北大

21 / 一波三折上清华 / 尹天骄

那天我经历了整个高中三年中最为重要的一个晚上，因为我最后还是决定擦干眼泪重头来过。这个世界不会等你，如果自己先放弃了自己，那么也不要指望有人能来拯救你，所以唯一能做的就是摔倒了再爬起来，只要最后的机会还没有消失，自己就不能放弃希望。

31 / 脚踏实地，做更好的自己 / 雷青

不幸的是，我没能通过县一中的预录考试；幸运的是，我却在中考中考上了市里面最好的高中。这段曲折的经历教会了我"危机可能就是转机，绝不要放弃"，这对我之后的影响很大。

43 / 我的数学竞赛之路 / 涂珂

转眼间，我已经大二了。虽然已经离开高中两年，我还是会经常想起我们那段在母校黄冈中学搞数学竞赛的快乐时光。不可否认，数学竞赛改变了我，也成就了我。虽然我如今并没有在数学系，而是改学了计算机，但是高中搞数学竞赛获得的知识还有磨练无疑都令我如今的学习更加轻松。

51 / 即使再小的帆也能远航 / 张旭

来到清华园已经快两年了，每天忙碌在美丽的校园中，偶尔也会想起高中的那段美好拼搏的时光……我也为自己的黄高毕业生的身份而感到自豪，但她带给我更多的是一种严谨治学、不懈奋进的精神品质，激励着我不断成长。

61 / 感恩黄高 圆梦北大 / 戴双凤

但是，那次夏令营活动改变了我的想法，我想，要成为一个优秀的人，怎么能不吃苦呢？有努力，才能有收获嘛！

高三，来吧，我不怕你！

71 / 北大，意外的惊喜 / 王鑫蓓

来到黄高以后认识了很多人，有老师，有朝夕相处的同学和同一屋檐下的室友。我们像一家人一样走过三年，而最珍贵的就是从此之后再也没有人能像当时一样，把集体内任何一个人的事当成自己的事一样关切地对待。

81 / 那些年，我们一起经历的高中 / 潘宇宸

故事里的人，用了三年来完成这个故事。

故事外的人，则用了整整三个月来回忆。

95 / 相信自己，坚持信念 / 黄铃

我也相信学习就像长跑，坚持就是胜利，信念和意志会助我们一臂

之力。

105 / 可以平凡，但不可以平庸 / 王伟

又是一年五月，黄高的五月是一个生龙活虎的季节，阳光中弥漫的书香气息，伴随着球场上的铿锵节奏。虽然离开黄高已经快两年了，但是依然可以想见那一片勃勃生机的情景。黄高的美是一种大气的美，宽敞大气、连接成片的教学楼，凝辉楼前宽敞的中央广场，气势恢宏的体育场……每一片土地，都寄托着我对高中三年生活的回忆。

115 / 穿过时间去看你 / 陈瑛

穿过时间往后看，当时的我，有着和现在完全不同的境遇，但遇到困难能慢慢尝试寻求解决问题的方法。穿过时间往前看，我无法预言三年后的我在何方，但我希望未来的她回过头来看我时，一样会感谢当年那个努力的自己。人生贵在领悟，同样的经历不同时期回头看都会有不一样的感觉。

127 / 回首来路，唯有怀念 / 孙思成

多年之后，我也许会说，高中的三年是我目前人生中最最怀念的时光，在那段岁月里，可以为了一个梦想去奋斗，可以坐在教室里埋头苦学，有着一群良师益友，所有的人，为了同一个目标，加油，努力。

133 / 学在黄高，情在黄高 / 王与麟

我想提醒一点的是题源的选择，不是什么题都适合做的。例如，我们的数学是湖北省自主命题，从考试难度上看比全国卷难，所以在试卷的选择上，我认为一份湖北中学的模拟卷甚至比其他省的考试卷更有价值。

145 / 黄高给了我什么 / 周祥

黄高是一个很特别的学校，就像它有着很美丽的校园，却置身于郊区，周围是鱼塘环绕；就像它有着顶级的师资力量，却大量地接收着乡下朴实的学子……我只能说，黄高提供了一个通往更广阔天地的平台，给了我们不同的视角，也给了我们更多可能性，如果说"可能性是一种财富"的话，那么我确实应该深深地感谢黄高。

157 / Yes，I Can do It! / 龚润华

回首自己的高三时光，既有看不见未来时的彷徨迷惑、伤感无措，也有憧憬未来美好生活时的幸福感与满足感；有成绩不如意时的自暴自弃，当然也会有"我自横刀向天笑"的冲动。不管怎么样，高三的生活带给我了很多，也让我学到了很多东西，不仅是课本上的知识，更多的是一种人生态度。

167 / 踏踏实实每一天 / 周丽玮

不仅有踏踏实实的努力，更要把心态放踏实。事实上，两者相互

促进。

179 / 复读，从同济大学到清华大学 / 杨阳

14岁尚且未满的我第一次离开我的家乡——恩施，开始了我的异地求学之旅。这不是我第一次离家，但却是第一次离家如此之远。

第一次踏入黄高，我仿佛就如一个新生的婴儿般好奇。这真的是个很美的校园。

191 / 轻松学习终无悔 / 何晨辉

分数很重要，但是更重要的是对分数追求的过程。若可以学习得轻松快乐，结果自然是无怨无悔。

201 / 我也曾和你一样走过高考 / 余乐

接纳自己，肯定自己，善待自己。我一直觉得给自己心理暗示很重要。临近膨胀时的自我冷却和遭遇低潮时的自我鼓励一样重要。

211 / 努力！奋斗！不留遗憾 / 马志威

生活的本质就是平淡，能从平淡的生活中体味出独特的味道，才能明白其中的浪漫与情趣。从解决难题中获得成就感，从文学作品中获得心灵的陶冶，这些都会让你发现知识的魅力，让枯燥平淡的学习生活变得丰富起来。其实，就算是炼狱又何妨，当你忍着剧痛，穿过一片片荆棘丛后，

蓦然回首，你会看到满山遍野开满了绚丽的杜鹃花。

221 / 文科，就这样学习 / 文秀泽

殊不知最好的学习方法恰恰是最适合自己的学习方法。坚持个性意味着我们要根据自己的实际情况来安排自己的学习进度，没必要什么安排都要和成绩最好的那个人一样，这就像买衣服，她穿着好看不代表你穿着就好看。

229 / 梦想让你无所不能 / 廖忍

回到学校后，同学们纷纷追问我们的成绩，我欲言又止，最终还是缄口不言。每谈及这次复赛时，我的心情就十分沉重。更为糟糕的是，我落下了许多功课……在此后相当长一段时间里，我变得沉默不语。而这段沉默之旅，恰恰成了我人生中的转折点。

237 / 我是如何走进清华大学的 / 刘梦旸

我们的小组成员之间也经常一起讨论，虽然总会为一些比较纠结的问题争得面红耳赤，但是当最后得出正确的结果时大家都会很兴奋，这种学习习惯对我们的整体水平的提升起了很大的作用。

245 / 高中竞赛学习 / 吴斌

想要把竞赛学好一定要花比较多的时间，还要有一个好的定位。有时

确实会有一些荣誉,但那些不能影响你的正常学习,不能因为别人的赞美而忘记奋斗……不管别人评价如何,都需看清自己,不要被捧杀或棒杀。逆境中要坚持,顺境中不要被胜利冲昏头脑,以相对平和的心态完成学业。当你真心期望着什么,并且坚持努力,结果一定不会太差。

253 / 失败!失败!失败!终成功 / 王钦

在当天的自我介绍上,我在黑板上写下了我的名字,同时也写下了我的梦想,有谁会想到这个年少轻狂的少年最后实现了他的梦想,所有人只是当做一个笑谈而已。预录生培训的日子过得也快,一晃就过去了,经过三次考试,我也就进了9班,走上了另一条长满了荆棘的道路……

263 / 学习需要兴趣 / 潘圣其

兴趣是一个人倾向于获得某种知识的心理,是推动人们求知的心灵力量。我们对某一学科有兴趣,就会专心致志地研究它,从而提高学习效果。另一方面,学习效果的提高和优秀成绩的获得有助于产生兴趣。所以,兴趣既是学习的原因,又是学习的结果。

永不逝去的青春

文/李飞

姓　　名：李飞

录取院校：2011年高考以677分考入清华大学计算机科学与技术系

爱　　好：书法、阅读、旅行、桌球、乒乓球、足球，热衷于慈善志愿活动

座 右 铭：有人爱，有事做，有所期待。

获奖情况：国防生大队优秀学生干部

　　　　　清华大学优秀共青团员

　　　　　大学生励志奖学金

逝者如斯夫，不舍昼夜。每一次当我捡起那时光的片段，就好像看老照片一样，慢慢地有了岁月侵蚀的痕迹，但这些画面也渐渐变得珍贵起来。也正是不断地拾捡，我的生命中有了一段永不逝去的青春——黄高的岁月。

高一，蓄势待发

在我小的时候，家乡的人常说："考进了黄高，半只脚就踏进了大学。"在那个时候，上大学是一件很了不起的事情，一个村子有一个大学生，就会轰动很长时间。能够在黄高的预录取考试中脱颖而出，这确实出乎我的意料。伴随着惊喜和惶恐，我的高中生涯拉开帷幕，我的一生也得到了改变。

我被分到了当时杨老师所带的理科实验班里，事实证明，分到这个班确实是我的幸运，在这个班，不仅在学习上，在其他方面我也得到了锻炼和发展，这也是我最大的收获。

高一的我，寡言慎行，有一种小角色的自卑感。入班排名 11 确实不是很优秀，对班上的同学，我也一直怀着一种敬畏的感觉，我对自己唯一的期望就是保持成绩不要退后。开学第一个晚自习，杨老师开始了对我们思想上的开导和集训，很多话我已经记不清楚，但是那五个要求我一直不敢忘记，"自律，自信，自强，自知，自尊"。自律，坚持原则，做到无论有监管与否，始终如一，慎独谨行；自信，在做任何事之前，要对自己和对自己所做的事有足够的信心，这将是动力的源泉，也是一个人坚持下去的信念所在；自强，无论前路遇到什么挫折，很多情况下我们需要独自面对，只要自强不息，困难将不再那么可怕；自知，每日三省吾身，自知的人能够很好地把握机会，能够清晰地把握自己的未来，自知而后能知人；自尊，无论背景、成绩如何，一个自尊的人将获得他人的尊重。这"五自"，无论在为人还是为学方面都有很大的借鉴作用，当时的我内心深受震撼，从小到大，从来没有人如此和我讲过怎样去做人，也就是从此开始，我开始喜欢每次的老师训话时间，从中我不仅收获到该怎样去面对学习，更重要的是知道了如何去生活。

正如老师所说，高一的学习要严，这是培养良好学习习惯的时候，也将为高二和高三打下坚实的基础，这是在高三冲刺时无论怎样也无法弥补回来的，也会是今后巨大的优势。这时候的学习不是很紧张，没有大的压力，每个人都感觉高考很远，而懂得学习的人却不会有任何的放松，平时的努力将是关键时刻的巨大筹码。高一的时候，我一直稳扎稳打，生怕从班级第11名往后落，所有的心思都在学习上，只担任了班级的小组长的职务。第一次期中考试打响了第一枪，我考到了班级的第5，差一点就跻身年级前十，这也给了我极大的鼓舞，同时也让我在班上受到大家的关注。于是，我慢慢地将自己打开，将自己融入班级，也把班级装进自己的心。在这期间，我还受到浙江新华爱心基金会的助学支持，这也是我之后参与慈善组织的原因之一，杨老师也喜欢安排一些小活儿给我，我很乐意，也感受到了老师对我的肯定。高一上学期最后一个月，我的老胃病犯了，连续几个星期的晚上饱受折磨，有时候上课也痛得不得了，只得忍着。最后在医院住了一下午，才解决问题，借此，我也想告诫所有的学生，千万要保护好自己的身体，不仅是为了自己，为了学习，所谓"身体发肤，受之父母"，为了家人，我们也应该做到。在高一学期末的时候，我有幸在班里以票数第一当选"三好学生"，这是我有史以来感觉最有荣誉感的奖励，不仅仅是因为学校很有名，更重要的是我获得了大部分同学的认同，大家没有瞧不起这个农村的小子，也让我认识到，勤奋、谦和的人是会受到大家欢迎的。高一下学期，在老师的提议下，我当选班长兼任数学课代表，这个决定成为了我高中生活的转折点。

在我的心里，班长和课代表都是要起到表率作用的，于是我决定一定要在学习上有所突破，首先是数学，刷数学题成了我当时的一个乐趣，数学老师也非常关心我这个数学课代表，每次周考，他都会和我聊聊我的得失，也让我能够有针对性地学习。再者就是英语，我始终难忘第一次英语考试的时候，我连试题都没来得及做完的情景，于是我坚持每天早饭后看一篇新概念 III 中的课文，查阅不认识的短语和单词，除此之外，我坚持看英文报纸并做英文报纸上面的题目，在短时间内，虽然没有什么成绩上的提高，但培养了心里对英语的认同和自信，不再像以前那样地排斥，这也为高三的英语成绩飞跃而上打下了基础。除此之外，班级事务也慢慢占据我一定的心力，首先就是要改变量化评分里老是排名靠后的局面，为此我甚至在班里发过一次火，同学们也不是无动于衷，在所有班委的共同努力下，终于在短时间内实现逆转拿到了年级第一，我也感觉到了什么叫做集体的力量，所以最后高三（8）班能取得集体性的胜利也是水到渠成。一切似乎都走上正轨，但是人生的趣味和精彩就在于总能有意想不到的事情发生。

高二，再接再厉

高二的学习难度有所加大，表现在理化生方面，虽然我是理科生，但是我对理化生确实不是那么有兴趣，主要还是喜欢语数外。在这期间，语数外都在可理解的范围内发展，理化生却出现了问题。物理有两次周考成绩是班里的倒数第一，生物成绩也是有上有下，难以平稳。这时候我也出现了病急乱投医的情况，刷题战术被再次启用，每天晚上睡觉前，我总要做一定数目的题目，当然这些都是课外的，周六晚上和周末也抓得比较紧。为了保持语数外平稳，每天我坚持早起，在周末也坚持很早到教室读书。不知为什么，我还是比较享受在空荡的教室读书的感觉，这也成就了我每天早起读书的习惯。到了高二，考试慢慢变得多了，开始有了月考制度，这也是为了高三做准备，于是人也变得有些患得患失，毕竟我也不是传奇天才式的人物，没有那种独尊的气魄，难免陷入一时的得失。常听老师和学长说要注重调整自己的心态，其实我发现什么高兴伤心也就是短时间的事情，更多的是平淡的学习，所谓的心态不好其实是内心的方向不明确，对自己产生了怀疑。所以在我看来，自信是心态好的前提，任何时候都不要放弃自己，只要不放弃自己，这个世界就不会放弃你。建立自信的过程是开放的，我们要把自己的心打开给老师，打开给朋友，打开给父母，有了他们的支持，你会觉得力量不断，信心百倍。有的同学总会猜测某某老师不喜欢自己，而且不喜欢和父母朋友分享自己的事情，长久的堆积只会给自己增加无谓的负担。在高二的时候，我总会在周末的时候到姑妈家去，和她分享我的学习和生活，与人交流会让自己变得开朗，开朗的心态无疑会提高学习的效率。

在学习过程中也有不少的插曲。在那个时候大家都是青春懵懂，难免会有一些小情愫。在高一暑假的时候，我收到班上一个女同学的短信，然后知道了她对我的感觉。当时自己整个人都蒙了，我不知道该怎么办，我应该做些什么呢？是否和家长老师聊聊呢？我根本没有考虑到会有这种事情发生，我也不清楚自己内心是怎么想的。是的，她很优秀，无论是在学习还是在其他方面，作为课代表我也了解，当时她的数学成绩出现很大波动，我不知道是不是和她分心有关系。千头万绪的我选择了压制，只是以朋友或者班长的姿态出现在以后的学习生活中，我不知道这样做是不是不妥或者狠心，不敢去接受的我也只能这样选择。作为班长，我有分配座位的权利，当时班上似乎有着成绩集中制的分配方式，我尽量把自己抽出来，把她安排到牛人集中地，由于女生不多，这样安排其实也没什么特别。我想，最后高考的结果出来应该还是对两个人都比较合理的吧，这一段也可以说成为了一段值得咀嚼的回忆。分享这些主要还是希望在读的高中生能够理智处理这类事情，不要让它成为高考路上的障碍。

高二整体而言要比高一过得更加紧凑，中间穿插了很多月考，也有各科的竞赛在进行。有考试催着，时间过得更快，这一阶段除了保持高一那种严的劲头，也要学会活学，学会去总结得失，学会把考试当作一个反思锻炼的过程，这一切也是为整个高三打好基础。高二我的成绩还算相对稳定，基本在年级前十里边，保持在了第一方阵。和普通班的同学相比，我所在的实验班进度提前了大概一个月，我们提前进入了高考复习阶段，高三也就这样不知不觉地来到了。

高三，勇往直前

如果说高考是一场战争，那么高三这一年就是备粮草和练兵的时间。其中最重要的一点就是如何有节奏地完成整个复习大任。首先，我认为跟好老师的节奏是根，老师的安排都是经过无数的实践检验，具有一定的科学性，在这个过程中，就需要每个人坚决做到今日事今日毕，按照老师的要求坚决完成。这不仅是获得一种心安，也是使知识形成结构的一个必要过程。其次，要抓住每一学科的特点再结合考试大纲的要求进行复习和训练。

语文

首先要抓住基础知识，包括字、词、句和文学常识。这些都有专题讲解和专题训练，由于训练得比较集中，难免会造成遗忘，因此除了在集中训练的时候尽量达标，平时我们也可以有计划地把课本里的此类基础知识，从头至尾复习一遍。如果以前笔记做得好，重点鲜明，那就可以节约很多时间。做语文笔记和做英语笔记相似，不在于如何详细，而在于鲜明，繁复的笔记反而会给今后的学习造成无谓的负担。因此，平时要提高听讲的效率，把笔记进行整理，便于今后的翻阅。在阅读方面，首要的是培养阅读的感觉，这取决于一个人的阅读经验，因此可以备一些书，有计划地阅读，主要体裁还是放在散文上。然后在此基础上，有计划地安排阅读题的训练，按照高考的要求规范答题，答案要点一定得鲜明。在古诗和古文方面也可以采用同样的方法复习，练习量可以适当加大。对于作文，还是坚持以实践为主，借鉴为辅。在借鉴他人的结构和素材的基础上，自己多加创作，可以试着写周记作为训练。

数学

重在题型的总结和练习。在平时，老师已经基本总结好了所有的题目类型，我们的任务就是加以练习，选择最适合自己的解答方法，此过程重在正确率，只要多加训练，自然速度也会慢慢得到提高。对于提高型的题目，不能过度地要求，我建议平时可以适当接触一些竞赛类型的题目，开阔视野，也能给自己解题提供不少的灵感。数学最重要的就是练，提高思维的敏捷度和审题的能力，有时候记住题目结论也有很大的帮助。对于高三的同学，选择一套好的试题库，然后有计划地完成，并做好改错总结工作，将会大有帮助。

英语

应用和应试并重。其实大部分同学还是有能力学得好英语的，最重要的是要在内心里有这种去学习的愿望。因此，我觉得在学习应试技巧、做练习的同时，要尽量地开口读书，不仅要读课本，还要读课外读物，把学外语当作快乐，也可以参加学校组织的各种和英语有关的大赛，在实践中学习。当初，我选择到新东方去学习十几天也是基于这样的想法，寻找培养兴趣的突破口。在高三，读课外读物十分重要，高强度的练习和旧课本阅读会使人感到疲劳，适当地加入新读物，不仅带来了时代的新鲜信息，也愉悦身心，提高了复习效率。

理化生

　　就像我的物理老师说的那样，没有什么技巧而言，就是要多训练。当然，我们也需辩证地看待这句话。这三科有很大的相似性，先是记，然后是理解，然后是解答。物理题库是一个很好的训练素材，在跟着老师复习的过程中，把同一类型的题目通过高强度的练习达到完全熟记于心。其实，高考物理也就这几个类型的题，把各种类型都做到，自然也就会融会贯通，举一反三。而化学和生物最重要的就是做真题，其实这两科最难的就是猜测题意，我们需要敏锐地把握作者出题的意图。尤其是生物，有时候背答案或者背答案的套路也是必需的。虽然理综需要高强度的训练，但是也不能光顾着埋头题海，每次必须对做过的题进行反思，并回归课本提炼最基本的知识点。改错工作将是理综复习中最重要的一个环节，如何避免不在一个坑吃亏两次，最重要的就是不断地警告自己这里有个陷阱。初次接触理综考试的时候，很多同学会有一些不适应，总会纠结于答题顺序等问题。我的经验是从前到后，先易后难，不用考虑这么多，这样还可以避免漏题。

　　整个高三就是和懒惰、寂寞作斗争的日子，贵在坚持，同时还要学会给自己找乐子。可以参加体育课上的运动，去打打球；偶尔在周六的晚上，到学校的广场上看一场电影，然后安心地回宿舍洗漱睡觉；或者和室友约好，出去吃一顿好吃的，亦或者到周边去散步。在忙碌的学习生活中，学会忙里偷闲也非常重要，这一切也是为了保持身心的愉悦。在高三的时候，我记得大概在11到12月份的时候，全班进入了低迷期，杨老师瞒着年级，组织大家出去游玩了一下午，确实也让大家舒缓了全身的疲惫，从而轻松上阵。

行百里者半九十，最后几天的自由复习很重要。这时候切忌求全，因为时间短促，而内容量却很大，求全反而会适得其反。我们要做的就是不放松，在保持平时节奏的基础上再次把精华部分和易错部分有计划地进行巩固复习，特别是笔记本和改错本，这时候将起到很大的作用。同时注意控制好自己这几天的作息时间，将最好的状态留到考场，发挥出三年来的最佳水平。

"世间万事需己为，跬步江山即辽阔。"我觉得整个高中生活是一个整体，不能做生硬的划分，高三一年是无论怎样也很难得到质的逆转。高一高二所打下的坚实的基础，养成的好习惯都为高三迎战提供了帮助。同时，在高三之前没有完全投入到学习的同学也不要灰心，及时发现问题，查漏补缺也能在成绩上迎面赶上，只不过要付出加倍的艰辛。我相信勤奋，也相信奇迹，不逼自己不知道自己有多优秀！

希望所有人珍惜这一段美好的时光，无所顾忌地去为未来而奋斗，相信自己，创造奇迹的就是你。

点评：

李飞同学长期担任8班班长，为人谦和热情，乐观自信，热心助人，学习勤奋刻苦，踏实认真，严谨细致。高中三年能够在学习上一以贯之地保持激情。工作积极主动，富有成效。在班上有威信，有亲和力和凝聚力。哪怕是在周末的休息时间，他都能团结带动一批同学到教室或是自习或是讨论问题，形成了一个严谨踏实、团结奋进的良好班风。最后2011届高三（8）班高考能取得大面积的丰收，作为班长他功不可没。

——杨开泰老师

高考到底有多重要

文/王佳

姓　　名：王佳

录取院校：2011年高考以688分考入清华大学工程物理系

爱　　好：打篮球、游泳、看书、听音乐、跑步

座 右 铭：自强不息，厚德载物。

获奖情况：高中全国数学联赛湖北省二等奖

　　　　　黄冈中学校内数学竞赛一等奖

第一部分：高中时期困扰我的几个问题

转眼间，高考已经过去两年了。在这两年中，我改变了许多，也成长了许多。每每回忆起高考那段青葱岁月，内心总会有些许澎湃。和很多的其他高中生一样，我的高中生活平淡而充实。具体的奋斗经历也忘得差不多了，但是当时不断困扰着我的问题还能记得一些。如今，作为过来人的我心中也有了属于自己的答案。然而人生就是这样，旧的问题过去了，总会有新的问题不断出现。而当你走过那段旅程再回首时，那些问题在你心中便会积累沉淀，开花结果。而那时，我们便会由过客变为引路人，由局内人变为旁观者。我愿将那果实与大家分享，至少希望能让大家少走些弯路。

对于很多高三的学生来说，他们都正好是在18岁的时候参加高考。高考，更像是他们人生中的一场成人礼。然而，这个成人礼对我们的人生到底有多重要，在它来临之前，我们肯定会很疑惑。高考，对我们的人生，对我们的未来，都会有什么样的影响呢？

在我的高中时代，困扰了我整整三年的问题不多，但"高考到底有多重要"这个问题却算是其中之一。我时常在想：高考失败了会怎样呢？高考真的对人生很重要吗？没有参加高考的成功人士不也很多吗？然后我便会沉浸其中，久久地得不到答案。

对于这个问题，有经验的老师肯定会向同学们给出自己的答案。我的班主任杨老师也曾对我们说过一句话：高考可以改变一个人的命运，但是无法决定一个人的命运。当时我觉得这句话听起来很有道理,但是谁知道它是对是错呢。杨老师也对我们说过"不唯上,不唯书,只唯实"啊。"他的话可不一定是对的",我想。但很显然,高考对于我们来说很重要。

后来,我渐渐地想通了,或者说自己把自己说服了吧。我当时是这样想的:显然,摆在我面前的道路只剩一条了,那就是像许多其他同学一样,参加高考。我还有其他的路吗?现在辍学回家拿个两三千块钱外出闯荡,去闯出自己的一番新天地?显然不可能。因为在这条路上我注定摔得很惨。或者是通过竞赛保送上大学。不现实,那得花多少时间去准备啊,而且万一失败,高考成功的机会会很小很小。那么,通往成功最保险的一种方式就是参加高考了。虽然高考有可能会失败,但我别无选择。这样想过之后,我的心态也平稳了许多。

其实,像我一样,绝大多数高中生只有这一条路可以选择。所以首先给自己来个破釜沉舟,之后便只好在这条路上使出全力了,因为你我已没有退路。

这样看来,高考是我们绝大多数高中生人生中的一条必经之路。

高考,也算是人生中的一场博弈吧。对于很多人来说,它是人生中的第一个关乎未来命运的岔路口。

谢天谢地,我的高考算是成功的。但是在高考中,有人成功,就肯定会有人失败。这也是大家身上背负着巨大压力的原因之一。因为高考的变数是很大的,每个人都有可能发挥失常,然后无法实现自己的理想。然而失败真的那么可怕吗?这里我想讲两个故事。

第一个故事是关于我自己的。

在高考之前,由于家里条件一般,父母几乎没带我出过远门。然后又由于父母的文化程度不高,我们家里从来就没有什么值得一读的书籍。可以说高考之前的我就是一个学习机器,只会课本上的知识,既没有读万卷书,也没有行万里路。这导致了我的世界是很狭小的,接触的人也十分有限。然而我通过高考考入了清华大学,人生轨迹也由此改变。在清华大学里,有要一起奋斗四年的战友,有许多资历高深的老师,有丰富的图书资源,也有各种各样的活动;有好吃的饭菜,有陪伴你四年的自行车,有丰富多彩的课程,也有引人入胜的讲座。总之,在这里,我的世界变得很大,因为环境,也因为书籍。也许,这里的世界,这里的生活,这里的资源,如果没有高考的话,我一辈子也无法触及。

第二个故事是关于我的一个高中同学的。她的成绩向来很好,但是因为高考没发挥好,没有考上自己理想的大学。但是她在自己选择的大学里一样生活得很精彩。她努力学习,参加各种社团、结交朋友,常在图书馆的一角咀嚼书香;她热爱生活,没事还写写文章。总之,高考不算成功的她一样生活得很快乐,未来也充满希望。

我讲这两个故事,是想论证那句话:高考可以改变你的一生,但不能决定你的一生。

现在的我,和高中时的我相比,对这句话的理解更深了。其实我认为这句话是充满哲理的。就拿我来说吧,高考让我进入了清华大学,享受着各种各样的丰富的顶级的资源。如果没有高考的话,我也许现在正在某个工厂上班,然后过着麻木的生活。但是进入了清华,就意味着我的未来一定比那些没考入清华的同学要美好吗？这当然不可能。如果我自恃高中的荣耀，在大学荒废着自己的青春，大学毕业后我很可能就会滚回老家了。高考改变了我的一生，但是它决定不了我的一生。唯一能决定我的一生的是我自己。

这样看来，我们已经得到了两个问题的答案，综合起来就是——在高考面前我们已没有退路，然而高考对人生来说是一次很好的机会，但它并不意味着一切。

这样，我们算是摆放好了高考的位置。可是我们大费周章地解决"高考在我们人生中的位置问题"又有什么意义呢？我的答案是调整心态。

第二部分：心态

无论是老师，还是家长，还是我们自己，都知道心态的重要性。好的心态可以化压力为动力，好的心态可以让你发挥得更好，好的心态能改善乃至改变很多东西。我相信我们都有过晚自习什么也不想干的经历；我也相信我们曾经会有那么一段时间效率低下；我还相信我们会在某一次英语听力中由于害怕跟不上而紧张，由于紧张而真的跟不上听力了……很显然，这些问题的产生都与心态有直接的关系。

心态决定状态。这个状态可以指我们考试时的状态，是紧张还是自然；也可以指平时的学习状态，是有效率有系统还是打乱仗；它还可以指我们生活的状态，是平静快乐还是压抑苦恼；它也能指我们的健康状态，睡眠状态等等。心态对我们学习和生活的方方面面都有着很深的影响。所以，要想在高考中取得理想的成绩，我们必须拥有一个好的心态。而这个心态并不是指学习或考试某一个方面，而是指方方面面。

做一件事情，失败是很简单的，因为它只需要某一方面出现差错，就很有可能导致全盘皆输；相反，成功是很难的，因为它需要我们做好每一方面。

下面我想列举几条我认为比较重要的好心态，和大家分享。

首先是自信。自信说起来很简单，可并不是那么容易的。如果考试前你发现自己什么知识都不知道，你能很有信心地认为你能取得好成绩吗？自信需要一定的实力，也需要对自己实力的了解。可是如果考试还剩 15 分钟，你还有一个大题没写完，其实你能做出来，但你去选择检查前面的题目的话，也许，你的分数会比你真正能得到的要低。而如果你认为你能做出那道题，也许你就真的能搞定它。当然，自信不仅仅是指在考试中自信，自信是对自己实力的自信，即使某些考试你考砸了。在高二的时候，我曾经考过年级 190 多名。那一段时间状态是真的不好，然而我对自己的实力认识得很清楚。我知道我有哪些知识有漏洞，于是花额外的时间去修补，去自学，然后在下一次考试中，我考了年级第十二名。其实，成绩波动是很正常的。因为每次考试试题都不能覆盖全部知识点，它只能通过考一些比较重要的知识点、一些基础的知识点以及一些易出错的知识点，来达到检验我们整体知识掌握情况的目的。所以考试是充满偶然性的。但是考试成绩更多地却是必然的。如果你每次都考得很好，那么你下次考试也很可能会很好；而如果你每次都考得不是很好，但你却不去查漏补缺的话，当然你下次也可能考得好，但更可能的是继续考不好。所以，我们要因实力而自信，并且不断地增强自己的实力。其实，我从高一开始就一直是班上的六七名，年级二三十名的样子，中间也有过考得很差的时候。我甚至有时感觉考试考得很压抑。但是，我一直都很清楚自己的实力，也一直都不认为自己只会是这种水平。到了高三，我的成绩就渐渐地向上爬了。高三下学期的时候，还考了几次年级第一。终于，我感觉到了自己有实力爆发了，于是信心更足了。当你更有信心时，你的压力就会更小，考试时心态也会更平和，考试的状态就会更好了。

总之，自信，然后充实自己的实力，你肯定会感觉越来越好。

然后是安静。能安静下来，也不容易。安静需要能够抵制一些诱惑，需要有一定的自控能力，也需要一个好的环境。高中阶段，我们的核心任务就是冲刺高考，考出理想的成绩，进入理想的大学。所以，我们必须得学会安静下来做一些实事。好的成绩是靠时间积累的，你安静学习的时间越多，你掌握的知识就越牢固越全面，你的实力也就越强了。当别人难以静下心来学习时，你抓住了那段时间，你就会比别人多一点优势。渐渐地，在竞争中，你便会脱颖而出。其实，考试前几天安静下来是很重要的，因为考试不仅考实力，还考状态。考试前几天能静下心来，不仅能更好地复习考试的内容，更有利于考试的发挥。在高中时，特别是高三那段时间，每每在大型考试之前的几天，我都会调整作息，合理膳食，安静下来，使自己身心都静下来。而在考试的时候，我的心态就会比平时要平静一些，思想也就更集中，往往就能发挥出自己的水平。当然有时候我也会来不及调整，考试时就会感觉心没有完全静下来，然后发挥就会有点不稳定。其实，外面的人对高三学生学习和生活的看法大多是轰轰烈烈、艰苦卓绝。

其实并不是那样的。高三的生活，更多的是平静而充实。我想，如果你平静地过完了高三，你的高中应该成功了一半。

最后我想提一下健康。拥有健康的心态，是指胜不骄败不馁，是指能容纳他人，处理好竞争与合作的关系，是指能乐观地学习和生活。说到这里，我得额外地感谢我高三的两位同桌。他们现在一个在北大，一个在浙大。当时，老师把我们分在一块儿坐的目的就是希望我们能互相帮助，互相交流。当时我的语文不是特别好，而他们中北大的那位语文平均分都快130了，我在和他同桌期间语文进步很大，高考最后考了133分。我们之间当然也有竞争。然而竞争也让我们成长。显然，我们能彼此进步一个很重要的原因就是我们有着健康的心态。试想我们都不愿和对方交流，都害怕别人比自己强，我们也就无法进步了。至于乐观的生活和学习，重要性不言而喻。每一天开开心心的总比每一天愁眉苦脸的好。如果有段时间状态不好，我们可以去运动运动，在运动中和同学交流，既锻炼了身体，也放松了心情，最终我们的学习效率也会提高，然后就能进入良性循环了。当然健康的身体也很重要，它也是我们拥有健康的心情的保证。所以我的老师曾让我们在课下爱上一门运动，篮球、跑步、乒乓球、排球等，这对我们身心大有裨益。

第三部分：让思绪飞

其实说到底，我们弄清有关高考的问题也好，调整心态也好，最终目的都是能在高考中取得一个好的分数，然后进入理想的大学。然而，在高中除了不断地学习以增强自己的实力应付高考，我们还能做点什么呢（对未来有所帮助的，当然也会间接对高考有所影响）？不如大家让思绪飞一会吧。

其实，在学习之余，我们可以多记记单词。在这个社会上，精通英语的人永远会更有优势。谁叫美国是最强的呢。也许有一天，我们会让世界上所有的国家都学中文呢，但是现在我们不得不接受英语是世界通用语言这个事实。所以，多学点英语，以后的路总会好走一些的。而且，这对高考肯定有好处的。

在学习之余，我们也可以多读读有营养的书。高中时语文老师每周都会空出某节课来带我们去学校的图书馆看看书。培根曾说：读书，足以怡情，足以博彩，足以长才。读读有营养的书，对我们来说，可以安顿我们的心灵、安静我们自己，可以带领我们去往另一个精彩的世界，可以拓宽我们的视野……读书，能让我们更好的成长。

在学习之余，我们可以运动健身。当然要注意安全，不要受重伤后请病假，课程落下了可不好赶。

在学习之余，我们可以看看电影，让电影丰富生活。

在学习之余，我们可以听听音乐，让音乐与你同行。

在学习之余，我们还可以拍拍照片，留心周围的人和事，记录下某一瞬间，那将是美好的回忆。

在学习之余，我们可以看看新闻，既是素材，也是思考。

在学习之余，我们还可以发发呆。

在学习之余，我们也可以偶尔疯狂。

……

高中的三年，短暂而美好。愿在生命中被称作"青春"的这段岁月，能成为大家梦想的起点。

珍惜现在，向未来扬帆！

> **点评：**
>
> 　　王佳同学性格活泼，喜欢运动，爱打篮球。印象中，高高的个子，穿着一个短裤，在篮球场上挥汗如雨，而且乐此不疲。回到教室他又是安静的，学习效率很高。他独立思考的意识很强，有主见，有计划性，注重落实。高一高二并没有完全注意到他，但是到了高三，我发现他身上的那股学习的热情和锐气爆发出来了，时间也越抓越紧了。另外他最大的优点就是拥有一个良好的心态。当很多同学背着巨大的心理包袱步入高三时，此时突破了心灵困境的王佳正以饱满的热情，高昂的斗志，大踏步地冲向终点。
>
> ——杨开泰老师

一波三折上清华

文/尹天骄

姓　　名：尹天骄

录取院校：2011年以高考687分考入清华大学物理系

爱　　好：篮球、空手道、棒球、游泳、小提琴

座 右 铭：失败是成功之母。

获奖情况：第26届全国高中生物理竞赛省赛区三等奖

第27届全国高中生物理竞赛省赛区二等奖

2010年全国高中生生物竞赛省赛区三等奖

不知不觉从黄冈中学毕业进入清华已经快过完第二个年头，可是感觉当年在黄高度过的三个春夏秋冬仍近在眼前，刚入学时的激动，认识新同学时的欣喜，分班时内心的纠结和忐忑，充实的竞赛时光以及高三弄完竞赛重新开始复习准备高考那段忙碌的日子仿佛还发生在昨日，历历在目。所以一提到回顾自己的高中生活和心路历程，我感觉也有必要以自己现在这种立场与状态重新审视那在我人生中举足轻重的三年，充满回忆与感慨的三年。

阳光总在风雨后

从黄冈中学到清华大学，我的三年高中生涯是一波三折、起起落落的，充满了变数。直到现在，我仍有信心说很少有第二个人拥有我这么曲折的经历。而现在想起来，这个经历真的给我带来了宝贵的精神财富和丰富的回忆。从高一暑假集训的最后阶段才决定加入竞赛班9班，到连续两年的物理竞赛受挫，再到擦干眼泪重回高考备考的大阵营，然后经历过自主招生的高开低走，一直到最后高考取得高分考入清华，不得不说我获得了极其多的机会的同时也错过了极其多的机会，但幸运的是我抓住了最后一个机会。我相信如果将我这一连串曲折的经历展开，一方面能使自己在回忆中对这里面的个中滋味咀嚼得更加透彻，同时也能让后面的学弟学妹们稍有收获。

我是通过预录考试进入黄高的，说起预录考试，我也是遭遇了难得的起落。起初在网上查询预录录取成绩的时候显示我是落选，可是后来我却收到了黄高寄来的纸质录取通知书,这才发现之前的落选是网络故障导致的。所有的预录生需要在 7 月 15 日到黄冈中学报到并参加集训直到正式开学,所以整个初中都没怎么享受过假期的我暑假没过多久就又背上行囊来到了黄高。由于我年纪小,家里人担心,于是已经退休的外公和外婆便在学校校区旁租了一个房子照顾我。现在回想起来我之所以能一次次地战胜困难和失败,家人的无私奉献和支持也起到了决定性的作用。

进入一个新的环境,身边的同学也都变得更加聪明和勤奋,原来都是各自学校的佼佼者,来到这里后再分胜负必然会产生成绩好的和成绩相对较差的,这几乎是升学所不能避免的事实,而我在最开始却输在了现在最引以为豪的物理上。我现在仍然记得补课时上的第一章是力学,自己做平衡力学的受力分析时总是不停地出错,不是忘记考虑重力就是摩擦力的方向画反了,结果入学后的第一次物理测验只拿到了五十多分。当时暑假集训时的班主任徐老师找到我说我还没有开窍,这个时候就只能依靠多练习多做题来找到感觉。于是之后我经历了进入高中之后的第一次突破,量变引起质变,在之后的第二次考试中,我立刻翻身,物理成绩顿时翻了一倍。那时的我开始明白,有时候方法和思考固然重要,但是反过来不想那么多而亲自动手练习往往能直接帮我们找到所谓的"感觉"。补课的时间虽然很短暂,但于我而言非常宝贵。每天早上爬起来去打球,北京奥运会期间大家一到休息时间就在教室里看比赛给中国队加油,现在回想起来觉得很平凡,但难得的简单、充实而快乐。

就这样,集训的一个多月很快过去了,面对分班的选择时我的经历也是一波三折的。当时家里人觉得竞赛班比较冒险，所以基本都认为我应该选择高考实验班，加上自己当时也还小，不成熟，没有什么主见，也还没有发现自己对哪一门学科有着特别的兴趣和热情，就在当时的分班调查表上填了高考实验班。但不得不说我是极其幸运的（每次回忆起这些事情，我自己都对这一点感到惊讶），在这之后不久的某一天，我们班的生物老师找到我希望我能加入生物小组。当时由于对生物竞赛感兴趣的同学比较少，报名参加生物小组的只有三个人，加上我补课时候的生物成绩比较好，此后当了我三年生物老师的王老师当时就非常希望我能够搞生物竞赛。听了老师的一番话后，我脑子一热转念就想进入9班。但巧合的是我又并没有在当时答应王老师，而是在事后找到了徐老师希望他能够以班主任的身份将我补进9班，结果徐老师误以为我是去找他商量进入物理竞赛小组的事（我清楚地记得他当时手上正好也拿着9班物理小组的名单），反问我："你是不是真的对物理感兴趣所以要搞物理竞赛？"我被问得一时语塞，简单思考了一下，当时只是单纯地觉得生物竞赛更像是文科似的一直在背东西，相比之下物理竞赛可能更有趣，于是糊里糊涂地就回答了句"是"，就这样，我正式开始了自己的高中生涯。

跌倒了再爬起来

高一开学，班里竞选班委，我本着加入了物理竞赛小组的想法报名竞选了物理课代表，但由于当时的物理成绩不算太突出，并没有竞选上。这个时候班主任周老师又找到我说因为英语课代表没人报名有空缺，问我要不要试试。因为我也属于那种比较活跃的类型，所以不假思索地答应了。这件事情也对我之后三年的英语学习起到了至关重要的作用。因为缺乏经验，最开始的时候犯了不少错误，而英语老师涂老师也给了我最大限度的包容和尽可能的帮助，因此我下定决心要做出一个英语课代表应该做出的表率，就这样不知不觉地也在学习上将英语摆在了仅次于物理的地位，如此认真的态度给我的英语学习打下了坚实的基础，也为我后来重回高考后的复习省去了不少时间。另外一个比较重要的方面应该就是我在竞赛和平常学习之间的取舍了，当时大多数同学采取的是一心一意钻研竞赛知识的态度，导致基础没有打牢，也给其中一些后来和我一样回归高考的同学埋下了隐患。而我自己的性格属于那种不想丢掉任何一头的，因此当时还是紧紧跟住了其他各个学科日常学习的脚步，不得不说这对我重回高考后能很快融入复习备考节奏的状态也是起着决定性作用的。

高一和高二的假期我们物理小组都安排了集体的外出补课。高一的时候是到华中科技大学进行理论和实验的培训，虽然辛苦，但我们都乐在其中。由于补课时间正值研究生考试，我们的宾馆位于武大校内，所以每天一大早全组十几个人便结成一个不小的队伍从武大赶往华科，晚上做完实验又一路从华科跑回武大，来回要一个小时，这也直接导致了高一还是胖小子的我经过一个假期瘦了将近 20 斤。但也正是这段时间，我慢慢被物理吸引住了，总是感觉她有一种无形的魅力牢牢地拴住了我，实验室里五花八门各式各样的实验仪器也是我们当时热衷于讨论的话题，也就是从这个时候开始，我逐渐坚定了自己研究物理的信念。然后就是高二初试物理竞赛了，当时是我第一次离开家人独自在外应对比较重要的考试，但相对地因为心态比较放松，作为高二生没有什么既定目标，本着熟悉竞赛考试风格的目的我轻装上阵，基本还是发挥出了自己当时应有的水平。回到学校开始第二学年后，我们班进入了每个同学培养竞赛能力最关键的一个时期，竞赛任务也大幅加重。这时一个新的选择又摆在了我们每一个人面前：是继续搞竞赛还是放弃竞赛回来一心一意冲高考？那时有相当一部分同学因为在刚结束的各科竞赛考试中没有取得理想的成绩而心灰意冷，觉得再冲击一年也希望不大，因此放弃了自己的学科竞赛。当时家里人也对我有相当的担忧，担心我最后仍然没能取得成绩获得保送资格同时又在高考的进程上掉队。但我最终做出了我人生中第一个完全靠自己决定的，也是永远不会令自己后悔的选择，那就是继续物理竞赛，只因为我喜欢这门学科，想证明自己的能力。生活中很多时候都是这样，往往我们不去太多地思考结果，仅仅凭自己内心的感觉做出一些所谓"任性"的举动，却能收到意外的效果。就这样，我留在了物理竞赛小组。

高二一整年真的是非常辛苦而又特别充实的一年，尽管加强了竞赛训练的强度，但我仍然没有丢下平常的课业，所以除了竞赛之外的时间我基本都在做其他学科的作业和练习，保证跟上了高考班的学习进度。一年一晃就过去了，来到高二的暑假，我们更加充满信心，为了给高三开学后的第二次也是最后一次全国高中生物理竞赛作最后的冲刺，我们先后到了浙江杭州和天津南开大学进行补课巩固自己的知识。一直到现在，我还清楚地记得我们一路奔波到天津后每一个人脸上疲惫到快要崩溃但又满足的笑容，以及从天津回学校时掩盖不住的那种内心的自信和激动。每个人都蓄势待发，迫不及待地等着"最后"一场大战的到来。但命运总是喜欢和人在这种时刻开致命的玩笑。物理复赛的前一晚，过于兴奋的我始终不能保持内心的平静，从晚上9点上床睡觉开始便在床上翻来覆去，于是我又经历了我人生中的第一次失眠，那天晚上的六个小时也成为了我高中三年最难熬的一段时间。折腾到最后已经到了凌晨三点多，我终于缓缓入睡，然后又在7点的时候爬起来和物理组的其他同学集合去考场。最后，精神恍惚的我自然不可能取得什么理想的成绩。在回学校的大巴上，我顿感眼前的一切都是黑色的，到家之后便任凭自己瘫倒在床上。那天我经历了整个高中三年中最为重要的一个晚上，因为我最后还是决定擦干眼泪重头来过。这个世界不会等你，如果自己先放弃了自己，那么也不要指望有人能来拯救你，所以唯一能做的就是摔倒了再爬起来，只要最后的机会还没有消失，自己就不能放弃希望。

失败是成功之母

我的高中生活就此又进入了一个全新的阶段，经历过了物理竞赛的挫折之后，我成长了许多，心境也变得极其平和。每天，上课的时候尽力把以前留下的漏洞全部补上，而这个时候我在高三之前打下的坚实基础也为我提供了很大的便利，我不用像其他很多从竞赛回归高考的同学那样从头开始学一遍，而是只需要将自己还存在问题的一些疑难点弄清楚即可，而解决这一点最好的方法就是对着课本一字一句地抓。在其他时间，绝不浪费每一分每一秒，尽可能地多做题多练习以保持手感。同时，我也保持了相当大的运动量，每个星期我都要打两到三次篮球，充分释放自己的压力，做到劳逸结合。就这样，我的成绩很快又再次在全年级冒尖，心态也是变得越来越平和和放松，同时又保持着很强的信念以及自信。全身心地投入到高考复习之后，时间也是过得飞快，一转眼我又等来了下一次的机会：自主招生考试。

　　这个时候我们的目的都很明确：自主招生考试能获得加分固然很好，但即使竹篮打水一场空，也可以当作是一次训练和提高。在准备自招考试的那段时间里，我们一部分成绩较好的同学接受了应对考试独特风格的补课，不论结果，反而是这个过程拓宽了我的知识面，给我后面的高考复习带来了很大的帮助。当自招理论考试的结果出来之后，我喜忧参半，被选中获得了北约考试中香港大学的面试机会，但遗憾的是来到北京后的这次考验又令我品尝到了失败的滋味，最后我还是因为面试时不怎么出彩的表现而落选了，最终没有获得加分。又一次面对失败，我当时的感觉已经平静了许多。尽管自主招生最终没有获得任何有效的成果，但整个过程也带给了我极大的帮助。

　　时间又迅速地向后推进，我终于迎来了高中三年最后的一次机会：高考，那时的我心中已经完全没有了包袱和犹豫。考试那几天晚上，我沾床就睡，休息得非常好，考完之后也莫名地有一种非常自信和放心的感觉，于是最后就取得了高分被录取进入清华大学。

　　总的来说，我觉得我的高中三年是无比幸运的，虽说充满了戏剧性，但我真的对自己能够得到那么多机会而感恩。回过头去看自己走过的路，发现我经历的那些失败和挫折在现在看来已经成为了宝贵的经验和回忆，它们在那个时候看来一个比一个痛苦，令人绝望，但重要的是我自己并没有放弃希望，而是在打击中拥有了越来越强的精神力量。整个高中三年，我从一个需要父母家长来决定自己选择的小孩子成长为独立坚强的真正意义上的黄高学子，这样的经历也着实令我自己感到自豪，因为当我昂首挺胸地迈出母校的校门，进入一个更加宽广的世界时，我也能骄傲地对别人说：我是黄冈中学的学生。

点评：

尹天骄同学是一个聪明、勤奋、性格开朗、品德端正的高素质的高中生。他是黄冈中学2011届奥赛班物理小组的学生。高考以687分的高分考入清华大学。他高中三年的学习是一波三折、起起落落。高一时本来是选择的理科实验班，后来因为生物老师的建议而进了竞赛班，因为物理老师的误解而进了物理竞赛小组。入学后的第一次物理测验只拿到了五十多分；连续两年的物理竞赛受挫；在香港大学的面试中因为表现不出彩而落选。尹天骄同学高中三年的学习可以说是备受挫折。但每一次失败过后，他都能刚强地擦干泪水，他坚信只要最后的机会还没有消失，自己就有成功的希望。如果自己先放弃了自己，那么也不要指望有人能来拯救你了。正是这些经历磨练了他顽强的、坚韧的意志，这也为他在高考中自信的发挥打下了基础。尹天骄同学的成功离不开他经历的那些失败和挫折，这将是他一辈子难得的宝贵财富。不经历风雨，哪能见彩虹，这在他的身上得到了很好的阐释。希望他在以后的学习和生活中能永远保持着这种永不言败的精神。

——王小敏老师

脚踏实地,做更好的自己

文/雷青

姓　　名:雷青
录取院校:清华大学 2011 届化学工程与工业生物工程
爱　　好:打乒乓球、跑步、去图书馆看书
座 右 铭:从容地前进,优雅地转身。

写在前面

转眼间,高中毕业快两年。虽说大学生活很丰富多彩,但也一直难忘高中三年走过的漫长历程。有时,甚至会有再过一次高中生活的愿望。

而提到高中,我总免不了想起初中。初中所在的学校是一所普通的乡级中学,跟县里的初中相比,有很大差距。因此,县第一中学自古就是我们向往的最佳去向。不幸的是,我没能通过县一中的预录考试;幸运的是,我却在中考中考上了市里面最好的高中。这段曲折的经历教会了我"危机可能就是转机,绝不要放弃",这对我之后的影响很大。

三年简记

进了高中以后,最初的心情是激动夹杂着担忧。激动是因为还沉浸在难以置信的中考结果中,担忧则在于自己能否在这里一如既往地学好高中三年。虽然当时的心情很复杂,但我清楚自己最重要的任务依旧是学习,这是做好其他事情的基础。但即使对学习有足够的重视,我的学习之路却也是曲曲折折。

高一的时候,我的学习成绩一直不尽如人意。每次期中或期末考试,至少总会有一科考得很差,而总成绩也就因此而落后了。学习是一个乘积,只要有一科等于0,就算其他科再好,最终结果也只能是0。或许是对自己的期望太高,每当这时我都会感到非常沮丧而懊恼。已记不清有多少次在考试完了以后,独自一个人默默地流泪。虽然哭并不是一个男子汉应该有的作为，但我觉得这样至少可以排解心中的不快与委屈，使我能更好地去面对。而且我不会当众表现出来，只会在一个人的时候用这种方式发泄。我不想过多地纠结于考试这种小事，更不想以此去打扰别人。好在这种在现在看起来有些幼稚的做法，让我在高一的低谷中坚持了下来，没有一蹶不振，也没有自甘落后。

高二上学期的期中考试，我意外考了年级第一名。这只能归结于幸运，因为我知道自己还没有那个能力，如果当真的话，就会在今后的考试中输得更惨。于是我选择当作什么也没发生过，还是一如既往地按自己的节奏向前。或许是这种平静的心态发挥了作用，我最不稳定的科目——数学开始趋于稳定，而一直平平的英语也有起色。但这点进步离年级领跑的同学还有很远的距离。所以我要做的依旧是更加努力，只有不断提高自己，才能缩小这段差距。高二，应该是我整个高中相对顺利的一年了。但顺利也只是相对的，小的波澜还是源源不断，总在没有预料的时候来临，让人措手不及。

进入高三，离高考只剩不到一年的时间，压力自然在不经意间增加。一二三轮复习紧张而有序地进行着。我提醒自己要更加集中精力，否则，已有的一点成绩就会转眼间成为泡影。想法并不错，但或许是方法不对，高三上学期我在成绩上还是有些落后，很难再找到高二时的那种感觉了。整个上学期都是在疲惫与失望中度过。这种不顺在上学期的期末考试中得到了大爆发。依然记得，那次考试似乎每一科都考了高中三年最差的记录，总成绩更是惨不忍睹。但不知为什么，我在这次打击面前，却一反"常态"，显得淡然。各科成绩一一揭晓时，我并没有一次次的心痛，当时的想法只有一个——没什么大不了的，反正我努力了，结果都已成定局，只要自己不自责，就没有人能责怪我。这种"突发奇想"让我在那次低谷中熬了过来。

　　寒假，每当夜深人静的时候，我就会回忆这次期末考试，想为什么会有那样的结果。想来想去，也没想出个所以然：没有那么多的为什么，只能怪自己学得还不够扎实。但这段时间的思考却让我心静了很多，也让我成长了很多。新学期开始，我觉得自己该做出改变了。不再熬夜太晚，要保证每天都精神饱满；不再给自己过多压力，只要尽力把能做的做好就足够了；不再总把自己的成绩跟别人比，自己想要的不是成为下一个谁，而是做更好的自己。心态真的发挥了很大的作用，高三下学期，高考越来越近，我反而感觉很踏实，因为我知道自己只要脚踏实地，就不会在高考中留下遗憾。虽然平时我也有自己的大学梦，但到了离这个梦很近的时候，我没有再多想。因为平时憧憬好的大学，是为了寻找动力，现在不去想，是为了卸下包袱。高考前几天的复习，我回归课本，把各科教材从头到尾仔细阅读了一遍。回归本质才是这个时候最能让我静下心来的方法，事实也证明这种方法很有效——这项工作完成以后，我不仅注意了很多被忽视的细节，也对整个高中所学的知识有一个整体上的认识。这种平和的心态伴随我走进高考考场，两天时间梦一般安静地流过。考完的那一刻，心中感到前所未有的轻松，该做的都做了，虽然不知道结果怎么样，但只希望不留下太大的遗憾。而最终结果揭晓，当得知能上清华时，我并没有感觉特别得高兴，更多的是欣慰：付出终有回报。

想感谢的人

高中三年，我不是一个人走过来的。有很多我应该好好感谢的人，一直陪伴着我。他们有的在我获得成绩时为我高兴，有的在我遇到困难时向我伸出援手，有的在我情绪低落时引我重拾信心，也有的无论是顺境还是逆境都支持着我。他们有老师，有同学，也有我的父母。

我很感谢教我的老师，老师不只是我求学路上的解惑者，也是我成长路上的指引者。这其中，我最想感谢的就是班主任赵老师和英语老师王老师。赵老师给我最大的印象是非常宽容。他比我们大不了多少，平时如同哥哥一样，但严肃起来，也会表现出作为老师应有的威严。这种有张有弛的把握使得大家对他是七分亲切，三分敬畏。我想，这应该是最理想的师生关系吧。学习方面，无论班级整体成绩怎么样，从来都是鼓励我们继续加油。考得好的时候为大家高兴，但不会"过度表扬"，而是提醒大家继续努力；考得不好的时候也从不发脾气，总鼓励大家别失去信心，踏踏实实学就行。这种宽容的态度让我们无论何时都不会感觉到压力或是压抑。依然记得赵老师好几次找我谈话，问我最近的学习生活情况，有没有遇到什么困难，并总是鼓励我踏踏实实学，不用考虑太多。这"踏踏实实"也许是我从他那儿得来的最受益的四个字吧。的确，在这个浮躁的世界，最重要的莫过于一个踏踏实实的心态。无论做什么事，离开了踏实，离开了脚踏实地，再动听、再花哨也只是虚幻一场。学习也一样，来不得半点虚假，自己学得怎么样，自己最清楚。考试只是一次随机试验，能提供参考，但其误差也许很大。所以，不能仅以考试来看知识掌握的情况，平时踏实的学习才真正重要。在赵老师的陪伴下，我们度过了愉快而充实的三年。

除了赵老师以外，跟我交流比较多，对我帮助也很大的就是英语老师王老师。王老师虽然是刚毕业就教我们，但并没表现得缺乏教学经验。或许是因为才刚从学生的身份转换为老师，王老师一直非常勤奋。我在一次偶然中得知，为了让我们学得更好，她常去年级其他老师的课堂听课，借鉴他们的教学方法。这件事让我印象深刻，我想，老师不光交给了我们知识，也是我们的榜样：老师尚且如此虚心地学习，学生更应努力效仿。刚进高中的时候，我的英语成绩平平，大多数只有一百一十多分，跟年级那些考一百三、一百四的同学比起来，落后了一大截。王老师常帮我分析学习上遇到的困难，虽然有时也只能给出一些宏观上的建议，但这总能给我一种要更加努力的动力，也就一直没有放弃向年级领先的同学看齐。三年下来，我的英语成绩也逐渐提高，最终的高考也是考得最好的一次。记得王老师曾跟我们说，"每当你开始做一件事时，先想一想这样四个问题：为什么到这儿来？到这儿来要做什么？这样做是为了谁？不这样做害的是谁？"这几句话时刻提醒我不忘自己的理想，不懈怠。高中如此，到大学亦是如此。

除了赵老师和王老师以外，其他老师给我的帮助，同样很多，我也没忘。我记得语文老师易老师建议我利用寒假的时间多练习写作，让我受益匪浅；记得数学老师肖老师把大家叫到办公室，逐一分析试卷中的每一个错误，让我大为感动；记得物理老师胡老师曾用这样一个比喻来鼓励我——"人生就像是一列机械波，一会儿是波峰，一会儿是波谷，不要太在意一时的起伏",让我醍醐灌顶;记得生物老师曾多次不厌其烦地把我们做过的每一份试卷都详详细细地讲解,让我很是佩服。我感谢教过我的每一位老师,也很怀念在他们的指导下学习的日子。虽然对他们而言,我只是很多届学生中普普通通的一个,但他们永远是我人生旅途中遇到的很重要的人。

除了老师以外,我也想感谢在同一教室里一起学习了三年的同学。我虽然性格比较安静,但在这个团结的班级中,有幸遇到了最强的竞争对手——与其说竞争对手,不如说是我的榜样,高中三年,他在大多数的时间里都是走在我的前面,这也让我始终有前进的目标,不会迷失方向;遇到了最好的同桌——在学习和为人方面都有很多值得我学习的地方,学习上他喜欢默默努力,厚积薄发,而与大家相处时又总是表现出他的友善与热心,这使得他成为班里最有人气的人;遇到了最知心的朋友——每当我陷于困扰中时,总是会得到来自好朋友的开导与鼓励,这些鼓励让我想通了很多问题,看清了很多事情。

当然,还要感谢的是我的父母。高中三年,他们从未给我定量化的指标,从未施加任何压力,有的只是关心、理解、支持与鼓励。这让我能够一心一意按自己的想法学习、生活。虽然高中三年跟父母相处的时间不多,但他们带给我的影响却非三言两语就能说清楚。

浅谈学习方法

谈到了高中,也想谈一谈自己对学习的一些看法。

语文方面的学习，首先要注重课本，很多题目都是改编于课本，抓住了课本就抓住了根本；其次要有自己的改错本，并花时间反复记，记住错误才能学到新知；还有就是坚持写周记，这不仅能提高写作能力，还能提高思考问题的能力。总的来说，语文就是多记多练，输入的多了，输出的才会多。

　　数学的学习也很看重基础，遇到很多看似很难的题目时，若能从最基本的入手做尝试，或许能使问题变得简单。而很多很简单的题目，考查的则是是否注意了细节，正所谓细节决定成败；平时做完题目后要勤对答案，答案能指出我们做错的，提醒我们易错的，教给我们不会的，若做完后不对答案，只能算完成了一半；数学还需注意积累一题多解的方法，这能拓宽我们的思路，还能在关键时刻提供更多选择。

　　英语方面我总结的经验是：单词为基础，语感是优势，阅读要速度，写作靠积累。单词需要花时间多背多记，语感靠早读和晚读多开口，阅读速度取决于平时的阅读量，写作则在于积累，积累好的表达方法和高级词汇。坚持做好这几个方面，英语成绩自会有提高。

　　对于理综，基础是各科都学好，至于技巧方面，一要保证速度，这得靠平时练习理综试卷时，都坚持控制时间，这样才更有效果，并且到考试的时候，心里也就有底了；二要注意细节，很多重大的错误都是由于忽视细节而造成的，很多卓越的成功也仅是因为很好地注意了细节而取得的；三要能抓住重点，当时间有限的时候，要头脑清楚，舍得放下，做出最佳的选择，实现成绩的最优化。

这些经验都很普通，但不管是哪一科，学习都是一个长期的过程，没有捷径。成功最简单的方法就是从一数到十，不漏掉中间任何一个。

三年沉淀的心得

高中三年，我学到的绝不仅仅只是知识，在我看来，比知识本身更重要的是思想上的收获。这些收获是我在多次与挫折挣扎的过程中才逐渐体会的，这也说明挫折对于人的成长是很有意义的。

比如在看待付出与收获时，要知道收获与付出不一定成正比，但一定是正相关。不能因为一时的付出没见效果就灰心放弃，努力总是有收获的，或早或晚，贵在坚持。还有，不是花的时间越多，效果就越好，效率乘以时间才等于效果，在稀缺的时间里寻找到最优解，需要的就是高效率与合理的安排。

不要太在意别人的看法，学习和生活是自己的事情。或好或坏，只有自己真正清楚，自己也只需对自己负责。别人的表扬，权当作对自己的肯定，别太沉浸于其中；别人的批评，就当是一种鞭策，从批评中才能找到进步最快的方向。高中如同一场冲刺，平时的所有考试不过是训练，或好或坏，对于最终的高考冲刺都是一种提高，应尽力而为，淡然面对。坚信只要平时学好了，最后的冲刺自然也不会差。

还有就是要大胆尝试，成功取决于第一步。在追寻成功的过程中，总会有各种各样的难题。如果我们期待的太多，想每一方面都做得比别人好，都做到完美，就会举步维艰，甚至连第一步都很难迈出，也就谈不上接下来的旅程。与其在犹豫中徘徊，不如抓紧时间，从简单的入手，返璞归真，大胆地迈出第一步。有了第一步，才有每一步。

每个人都有自己的路。有时，别人看自己的路是一帆风顺，只有自己才能体会到其中的坎坷与辛酸；有时，自己看自己的路是平淡无奇，但在别人眼里却是另一番不同寻常。路在脚下，更在心中。不能一味地羡慕别人的光鲜，而没看到别人的付出，这些付出可能远超过我们所以为的；也不要过于轻视自己的历程，而忽视了自己的闪光点，这些闪光点也可能远超过我们的想象。丢掉包袱，静下心来，倾听内心，走自己的路，就能走出属于自己的独特精彩。

结束语

时间的车轮不断向前，但高中三年的那些记忆、那些画面却始终浮现于眼前。怀念那些一起奋斗的人，怀念那些酸甜苦辣的事，怀念那种平淡简单的生活，怀念那段充实难忘的岁月。当然，三年中也有不少遗憾，比如性格比较安静的我平时跟大家交流不多，错过了很多锻炼自己的机会。到了大学以后，我才深刻体会到人际交往能力与口头表达能力的重要性。

如果可以，我很愿意再次体验高中生活，重温快乐感动，重品酸甜苦辣，而且是以一种更好的方式。

最后，当我的高中已不在时，也祝所有正处于高中阶段的同学们好好珍惜金色时光，珍惜身边的人，珍惜身边的事。高中三年的生活是一件光荣而艰巨的任务，因为平淡所以光荣，因为漫长所以艰巨。

点评：

踏实是我对学生的基本要求，坚持是我对学生的最高要求。虽说心有多大舞台就有多宽广，但是脚下的路还是需要一步步地来走，只有将基础夯实了才能够将自己的梦想演绎成精彩人生。虽说有心无难事，有诚路定通，但是再精彩的人生也会有挫折相伴，只有多一点再多一点的坚持，不断跨越羁绊，就能够让自己的人生经历熠熠生辉。

雷青同学在天赋上与班上其他同学比较并没有多少的过人之处，要说他最后能够成功地走入清华，他所做的就是在学习和生活上对自己做得好的地方踏踏实实、精益求精，对自己的薄弱环节更是踏踏实实有针对性地查漏补缺、日益进步，在这其中当遇见困难遇见挫折遇见迷茫的时候，他所做的就是坚持自我调节，没有放弃自己的理想和追求，做到了不停地分析自己的得失，勇于面对现实，从而走出困境，继续追求自己的梦想。雷青同学的高中生活总结起来就是对踏实和坚持这两个词语的最好诠释。从入学时的默默无闻到毕业时的小有名气，他一直给老师给同学的感觉就是不显山不露水。但是三年高中生活一路走下来之后，再和刚入校的那个青涩的少年做对比，老师和同学们都惊喜地发现雷青同学做到的不仅仅是学习成绩方面的优秀，更重要的是心态和信念方面有着经过历练以后的趋于成熟。

对于在高中奋斗着的同学们，我们应该坚信，在日常方面，在细节方面，如果我们能够踏实一点，在困难面前，如果我们能在众多人都放弃时再多坚持一秒，那么大家都会在高中生活中活出自己的精彩。

——赵峰老师

我的数学竞赛之路

文/涂珂

姓　　名：涂珂

录取院校：清华大学 2011 级计算机系

爱　　好：乒乓球、羽毛球、四国军棋

座 右 铭：万物皆数。

获奖情况：全国中学生数学竞赛（冬令营）银牌

转眼间,我已经大二了。虽然已经离开高中两年,我还是会经常想起我们那段在母校黄冈中学搞数学竞赛的快乐时光。不可否认,数学竞赛改变了我,也成就了我。虽然我如今并没有在数学系,而是改学了计算机,但是高中搞数学竞赛获得的知识还有磨练无疑都令我如今的学习更加轻松。

一、初探

五年前的夏天,我怀着憧憬第一次踏入了黄高的校门。那时我们要先补课然后分班考试。当时我就听说黄高有一个9班,是竞赛班,出了很多牛人。我下定决心一定要进入9班。补课的时间总是快乐的。跳出了初中全封闭式管理的枷锁,认识了很多新的同学。当时主要是讲一些初中知识的扩展,由于我初中基础打得很好,上课没什么压力。每天白天认真听讲,吃完晚饭去打乒乓球一直打到上晚自习,晚上在宿舍下象棋。每天很快乐,也很充实。虽然玩得很多,但劳逸结合,学习效率也很高。在最后的分班考试中,我居然还考了年级第一。于是我如愿以偿地进了9班。

进了9班就得选择数学、物理、化学、生物作为自己竞赛的方向。我们当时是填两个志愿。我对数学、物理、化学都很感兴趣,纠结了好久,和一个初中一起来的同学讨论了一下,最后决定一起报物理。于是我把第一志愿给了物理,第二志愿给了数学。最后分组出来,我却进了数学组,他如愿进入了物理组(不知道是不是我分班考试物理考得太差了……)。其实数学组也行,我也就接受了。于是我就这样阴错阳差地走上了数学竞赛的道路。

高一的竞赛只是打基础,大部分时间还是花在了高考上。每周只有周六上竞赛课，感觉压力并不大。周末经常去打打乒乓球，偶尔和班上其他同学去踢踢足球。每周六晚学校操场的大屏幕上放各种最新的电影，我也经常去看看。

记得由于分班考试是第一，所以我在我们班是一号。有什么全班都得参加的事，都是先从一号开始轮流做，像读报、值日、领操等。于是我就成了第一个吃螃蟹的人，什么事都是最先上。第一个做前面没有任何参考，只能自己摸索，现在想想这真是对我一个很好的锻炼。

当时最喜欢上的课就是化学了。教化学的杜老师是我暑假集训时的班主任，人很好，上课讲课很有趣。我最喜欢就是有机化学那一章了，里面有各种奇妙的化学反应。我和同桌经常上课时直接向他提问，甚至有时我和同桌还直接争论了起来。其实我觉得这种有问题直接就问，及时弄懂，两个人相互讨论的学习方式蛮有效率的，虽然可能影响到老师正常上课。

当然人生不可能事事都顺心，那时最令我苦恼的就是语文和英语了。记得第一次月考，我一下子退到了年级五十多名。班主任老师找我谈话，问我为什么分班考试考了第一，而月考退步这么多。我认真分析了一下，发现分班考试数理化生占比重远远大于语文英语，且数理化考得难，而月考则不一样。而我的语文和英语实在太差，所以就导致了这个结果。

我从小就不怎么喜欢背书，而是喜欢数学物理这种严密推理的科学。初中的时候对待语文英语的态度就比较消极，所以导致英语单词记不住，语文字音词义总是不清楚，最初语文考试前五道题拼音成语经常全错。我也想认真地去学好语文和英语，可是每次上早自习总是昏昏欲睡，记住的单词也总是很快就忘了，上语文英语课总是忍不住走神。这直接导致第二次月考就掉到了 100 名之后了。我很苦恼，痛下决心要学好语文英语。我强迫自己上课时不睡觉。为了不睡着，我有时上课时半蹲着，看似坐在凳子上实际并没接触凳子，以此赶走瞌睡。我也努力去背英语单词，苦练发音。最终语文居然有一次上了 120 分。虽然不是特别高，但对我来说已经很满足了。

在刚搞数学竞赛时，我只是把数学竞赛作为除高考外另一条上大学的路，想着竞赛没学好还有高考嘛！直到我们学到了平面几何，三角形的四心、三点共线、三线共点等都令我如痴如醉。我曾两周刷完了平面几何那本书上的所有题。记得当时每看到一道几何题是用解析几何、复数方法做的时候，都一定会绞尽脑汁想出一种纯几何的证明方法。每当想出一道好的方法，我会开心地把自己的方法写在书的旁边。每当我的方法比书上简洁的时候，我都有一种满足感。慢慢地，我找到了数学竞赛的乐趣，在数学竞赛中，我找到了自我。数学竞赛对于我来说不再仅仅是通向大学的工具。

二、求索

刚进高二没多久就有了全国高中生数学联赛。我们都积极地报了名，想了解在高一一年内我们到底学到了多少。由于准备不足，我二试只完整地做了第一题平面几何题，最终是国家二等奖。当时我们班有一个同学得了国家一等奖。得了国家一等奖意味着有保送资格，可以通过保送生考试直接保送大学。我当时很羡慕，希望得一等奖的人是我。但是我知道，这个一等奖不可能是从天上掉下来的，而是需要通过努力去争取的。这时我们面临一个分流，一部分人退出竞赛，全心全意参加高考，另一部分人则继续高考竞赛一起抓。我毫不犹豫地选择了继续竞赛。这时每周多出一下午搞数学竞赛。竞赛强度变大了，也越来越难了。

每周要兼顾竞赛与高考，则更要学会合理分配好自己的时间。我们每个人都忙碌起来，有点自顾不暇了。我每天穿梭于凝辉楼与教学楼之间，埋头辛苦地刷题。在不断地学习中，我对数学的兴趣日益增加。在路上，在宿舍都能经常听到我和数学组的同学讨论着数学题，我越来越感觉到时间的不够用。我对数学的喜爱也越来越深，甚至达到了欲罢不能的状态。我曾在语文课本上画上几何图，然后上语文课时就盯着语文课本研究几何题。也曾在生物自习时偷偷做数学题被生物老师捉到。我想竞赛与高考两条路，大多数人选择了高考，少部分人选择了兼顾，而我选择了竞赛。

单调而并不枯燥的日子一直持续到数学集训队培训开始。学校决定让我们这一届出两个人作为旁听生和另一位我们学校的进入了集训队的学长一起参加集训队培训。我和我们班另一位同学郑鹏被选中去参加这个培训。很感谢学校给我这个机会去参与这个培训。这个培训是见天讲座、考试。在讲座中，我见到了很多数学竞赛界有名的老师，如熊斌、单墫等。听他们讲了很多有用的知识，开阔了眼界。在这个培训中，我还认识了全国不少志同道合的同学，了解到和他们之间的差距。后来我高三参加冬令营时的不少人都在这个培训中见过。给我印象最深的还是集训队里的考试，一共有8场考试，每场3道题，4个半小时。每次我都能顺利做出几何题，然后苦思冥想下面两道题，数论偶尔能做出。在考试中，我发现我的优势在于几何，而不等式和组合需要加强，这些成了我后来的主要训练方向。

培训持续了3周，落下了不少学校的课，回到学校又是痛苦地恶补落下的课程，但这次培训使我更加坚定地在数学竞赛这条路上走下去。

三、冲刺

高二暑假的大部分时间是在学校度过的，大家都铆足了劲要在高三开学初的数学联赛上取得好成绩。我还记得当时一起做主教练徐老师发的100道不等式题，大家相互比拼，看谁做得多。还有大家一起刷那字典一样厚的《初等数论难题集》。做累了，大家就去凝辉楼楼道里踢踢足球或吃完晚饭去打打乒乓球。正是有了大家的陪伴，刷题的日子才不是那么无聊。

终于到了又一年的联赛，由于平时学得比较扎实，加上一点运气，我考得很不错，进入了冬令营。让我感到很意外的是我们班的另一位数学实力本来比我强的同学因一题之差与冬令营失之交臂，考试的确是不确定因素太大的一件事，我们的学习就是要将这个不确定因素降到最低。

因为进入了冬令营，我便直接保送到了清华，填报院系志愿时我毫不犹豫地就报了数理基础科学（数学系），想在数学这条路上走得更远。没有了考大学的后顾之忧，我便从教室直接搬到了凝辉楼，全心全意毫无功利心地准备冬令营，力争考出好成绩来检验两年数学竞赛的学习成果，也为学校争光。一个人坐在一间空旷的大教室，没有任何上课下课的概念，自己累了就休息（有一种与世隔绝的感觉），老师一天偶尔来一两次给我一些题做。刚开始我还能静下心来认真学习，慢慢地就坐不下去了。后来班主任问我愿不愿意搬到化学实验室和进入了化学冬令营的大神黄铃同学一起学习，我开心地答应了。虽然我们两个学的东西并不一样，但是多了一个人的陪伴，学习更有效率。

在这期间，我开始看一些大学的数学，一是开阔眼界，二是为进大学后的学习做准备。然而我却发现，大学数学远不如高中竞赛有趣。高中竞赛的思想是用初等方法解决高等的问题，强调的是思想。而大学数学则是尽可能地把问题抽象化，然后用各种方法解决这个抽象的问题，而这些方法大多是解析方法、计算方法。这些并不是我想要的。于是我又做出了人生中的一个重要的选择：转系。于是在冬令营考完之后，我申请转到了计算机系。主要是当时我看到计算机系强调算法，注重逻辑能力。如今看来和我当初想的不尽相同，可是我也并不后悔。

四、终章

冬令营我只考了银牌，没有进入国家集训队。我整个高中生活貌似就这样结束了。可是班主任要求我们在学校帮忙做点事，于是我们保送生就待在了实验室，没有任何学习压力。那段时光是我高中最快乐的时光。

进入了大学，身边有了各种大神。大一的课程几乎全是数学，正是有了数学竞赛的经历，才让我的学习比较轻松，才让我有了在众多的困难和挑战中坚持下去的勇气。

其实高中三年的学习，学到的不仅仅是课本上的知识。

在高中的学习中，我学会了与人交往，和同学们一起讨论，一起打球无疑对我有很大的帮助。有人比你强实际上是一件好事。高中时数学组的郑鹏了解的知识就比我多很多，经常与我分享他所学到的知识，我有问题也喜欢和他讨论，他在数学竞赛上给了我很多帮助，我想如果他能进冬令营，我们两个一起讨论学习说不定我还能进集训队呢。同学时期建立的友谊是最纯净的，没有任何功利因素。

在高中的学习中，我培养了良好的心态。考试失利不算什么，重要的是要知道为什么失利，分析原因，下次做好。当时总有人想着数学竞赛万一没搞好，浪费了时间影响了高考怎么办。我觉得只要你努力去做到最好，就算没搞好也没有什么，至少你奋斗过。

到了大学，高中三年的积累就成了一笔财富，它能帮助你更好地适应大学生活，帮你更快走向社会。所以，请珍惜高中三年的生活吧，珍惜那些和你一起奋斗过的同学，再回首，请不要留有遗憾。

点评：

如果我们想得到更多的玫瑰花，就必须种植更多的玫瑰树。涂珂同学的成功就得益于他的刻苦与勤奋。从进入数学小组的那一刻起，他就有了很明确的目标，而且每个阶段都有他自己的安排与计划，坚定不移地向目标迈进。高二竞赛时由于准备不充分，成绩不理想。但是他能够迅速调整心态，分析自己失利的原因，以此为动力，一鼓作气，终于笑到了最后。他独立性较强，对自己的能力也有准确的定位，在竞赛的道路上一直保持平和的心态，最终取得了成功。他有着远大理想，相信他一定能扬起理想的风帆，实现自己美好的理想！

——徐敏老师

即使再小的帆也能远航

文/张旭

姓　　名：张旭
录取院校：清华大学 2011 级物理系
爱　　好：足球、轮滑、音乐
座 右 铭：明天会更好！
获奖情况：27 届全国高中物理竞赛省级赛区一等奖
　　　　　27 届全国高中物理竞赛总决赛三等奖

来到清华园已经快两年了，每天忙碌在美丽的校园中，偶尔也会想起高中的那段美好拼搏的时光，记得刚开学那会儿，每次自我介绍说是黄冈中学毕业时，周围的同学都会投来敬仰的目光，虽说黄冈中学现在每年的清华北大人数并不是最多的，但我敢说名气绝对是全国第一，我也为自己的黄高毕业生的身份而感到自豪，但她带给我更多的是一种严谨治学、不懈奋进的精神品质，激励着我不断成长。

期末考试考了300多名

每个新生在刚进黄冈中学那会儿，心中都会带有一股傲气，我当然也是如此，毕竟大家在初中时都是学校出类拔萃的学生，可是当这么多优秀的学生都聚在一起时，自然又会分出个高低来，这样就造成了很大一部分人的心理落差，在高二之前我就一直处在调整这种落差的过程中。暑假分班培训的那一个多月中我就开始感受到周围同学所带来的压力，总是听说什么数学神童考满分之类的传说，不过好在通过自己的努力，我也顺利通过选拔如愿进了奥赛班，由于对物理很感兴趣，而且分数一直考得不错，就选择了物理这个方向。

我还清楚地记得进入9班的第一个同桌就是涂珂，他是我们分班考试的总分第一名——传说中的神童，个子很小但思维敏捷，因此如此优秀的同桌就让我有了更大的压力，不过后来我们也有缘都考上了清华。班主任周老师是个做事很认真负责、对学生要求尤为严格的人，曾经是傅丹学长的班主任老师。傅丹是国际化学金牌得主，并且具有很强的综合素质，因此周老师反复对我们强调：虽然我们是竞赛班，但是综合成绩一定要上去，语文英语都不能落下，要努力做到"综合素质优秀，单项成绩突出"。平常我们都学习各科基础知识，周末就用来搞竞赛培训，大家都期望着做一个全面发展的人，一切似乎步入了正规，但是理想和现实终归是有差距的，而后第一次年级期中考试就给我们班的很多人泼了一大盆冷水，很多人都是百名开外，我也受到了高中来的第一次打击——考了140多名，语文英语特别差，老师因此找了班上的很多人谈话，总结原因就是：没适应高中生活，根本上就是没适应周围都是强人的环境。

但这次失败还是没能褪去我们心中的那种傲气，我也没能做到踏踏实实学习，知识对于我们来说只是一层可以炫耀的外衣，而不是提升我们内涵修养的养分，这样学习终归浮于表面，而无法消化领悟。于是我又迎来了一个更加惨痛的期末——300多名，在班上名次都是排倒数，这也许是你们所无法想象的，但其实还并不是我最差的名次。综合成绩的失败没能从根本上改变我的学习态度，因为此时的我转而将自己的傲气寄托在竞赛上，于是将更多的精力投入到竞赛中，希望通过物理竞赛证明自己，但这种浮躁的学习态度又怎会有什么好的效果。终究到了高二上全国物理竞赛复赛，本来以为自己可以轻松挺进实验复赛，最后却在理论考试这里止步，那一次我们有两人高二时就拿到了赛区一等奖，最终我还是一个失败者。期末考试和竞赛竟遭遇了双重惨败，这样的事实确实是让人有些难以接受，我自以为比别人厉害但是现实却不断打击我，一切都让人费解。那也是高中最低落的一段时期，每天我都在不断反思自己是哪里出了问题，为什么我就拿不到理想的成绩呢，我能力究竟怎样？然而一切都说明我只是一个普通的学生！在不断的失败中我也终于接受了这个事实：对，我很普通。

全心全意冲刺竞赛

也许你们会认为这是一种放弃对自己的希望的消极思想，但此时的我更需要的是踏踏实实学习的心态。其实我一直觉得我们班那么多比我优秀很多的同学最后没拿到理想成绩的原因就是因为骄傲而不踏实，我很庆幸能较早地体会到这种心态导致的失败经历。这时我们高二也要开始根据自己条件和兴趣决定是否继续参加竞赛，在不断地反复剖析自己的优缺点后，我做出了高中时期最重大的决定——全力冲竞赛。语文英语的这种缺陷是极难弥补的，而化学生物我也几乎没有兴趣，这四门课的成绩更是在倒数徘徊，自己根本无法像其他优秀的同学那样做到高考竞赛兼备，因此是几乎完全放弃了高考，我也敢说我是班上最彻底搞竞赛的学生，其他人会认为这是一次赌博，但作为一个智力普通的学生扎在高考竞赛兼顾的漩涡中又能有什么好的结果呢，我也喜欢竞赛，更加愿意为自己的决定承担后果。欣慰的是父母对我非常了解，他们知道其他科目我是没有优势的，因此是全力支持我，就像初中那样，支持我放弃去县一中的做法而全力冲刺黄高，他们对我的信心和支持给了我极大的鼓励，所以即使是后来老师不断地劝阻我应稳当一点回来搞高考的时候，我还是坚持留了下来，也总算步入了学习的正轨。

然而虽然我其他科目成绩不行，但我却还是蛮喜欢班上的几位科任老师，比如说教我生物的王老师，不仅生物课上气氛非常活跃，对学生也尤为亲切，有时更会和我们开开玩笑，即使是对生物不感兴趣的我每次上课都还会忍不住认真听下去，因此我们班的生物一直都保持很不错的成绩。虽然我语文从小学开始就不太行，但是不知为何却对诗词有着特别的喜好，背诵起来也是朗朗上口，在鉴赏的过程中更能极大地提升我的素质修养。然后化学杜老师是个做事很严谨的人，他的这种态度在很大程度上影响了我们的学习习惯，培养了我们的严谨求实的学习态度。还有英语涂老师，说话温柔而且教课细心，让我们能在学习外语的过程中不至于感到枯燥。我最佩服的还是数学张老师讲课的逻辑性，不管是什么题目他都能为我们细细分解成一步步很简单的过程，极好地训练了我们的思维能力，对物理问题的处理也有很大的启发作用。不过遗憾的是我没能达到他们的要求，学好各个科目，但是他们确实是我们9班教学质量的强大保障，使我们的综合成绩能够保持在年级前列。而我之所以放心搞竞赛的原因也是因为黄冈中学极好的物理竞赛条件，我们的物理教练徐老师就是一位金牌教练、湖北省十大名师。徐老师深知"独立思考"在学习物理中的重要性，鼓励我们在解题的过程中大胆尝试，不要被定律等束缚住自己的思维，因此面对这些问题我们都能有着清晰的物理图像。湖北省物理最强的虽然是华师一附中和武汉二中，但是我们的老师为了缩小和他们的差距，经常把我们送到外面和他们一起培训，因此我们对他们的实力和教学也是非常的熟悉，一方面通过不断交流相互促进，另一方面也激励我们要放开眼光有着更高的目标。周老师也在班上不断告诫我们要放开眼光，不能只满足于在学校里的成绩，高考的时候我们可是要和全省的学生竞争，像八校联考这种考试就是了解其他学校学生实力的好机会，"人外有人，天外有天"，这句话在来到清华之后我体会得更加深刻，我才知道在中国的其他城市有着每年上清华北大人数上百的超级中学，而身边那些高考优秀、竞赛拔尖的人才比比皆是，他们中很多人不仅有着很好的组织能力，更兼有各式的才艺，而我们则只有通过不断地虚心学习，才能始终立于不败之地。

很多人都在纠结学习方法的问题，我也听过学校开展的很多进班交流学习经验的活动，包括平常所见到的周围那些学习很优秀的同学的学习情况，总结发现几乎都可以归结为态度踏实和坚持不懈。具体的学习方法都是其外在的、根据自身性格所确定的，因此每个人的学习方法都是不同的，照搬他人的也不一定起作用。记得有个同学特别喜欢题海战术，不过他能记得他所做过的每一道题的解法，因此在一些小的考试中总是能拿到高分，但是到了那些正式的考试，因为很少出现原题，因此无从下手。题目的变化是千奇百怪的，但是我们会发现基本的知识要点就只有那么一些，物理很能训练人的思维方式，它需要我们弄清每一个物理模型的本质，即使它们不断交叉，内在的规律还是不变的。所以弄通一道题比标准解答有更多的收获。然后我觉得我再怎么强调总结的重要性也不会过分，一本书可以总结成一张纸，我们可以从整体上了解知识的框架结构并能灵活运用。我们可以根据自身的特点制定相应的学习计划，这里面我觉得最重要的并不是计划的内容，最关键还是我们的执行力，不用担心坚持会没有收获，坚持下来，你其实已经成功了一大半，这也是为什么那些优秀的学生通过不同的学习方法都能拿到好的成绩的原因。

高中时期一个对我产生巨大影响的因素就是运动，那时玩得最多的就是足球，在大学我也是我们系里的足球队成员之一，足球是一项让人疯狂的运动，也是唯一一种能让我做到全身心投入的项目，在踢球的过程中你可以细细体会那种专注的感觉，为什么在学习中就总会开小差呢，而踢球也让我能在学习的过程中有意识地调节自己的状态，通过体会其中的乐趣而不断激发学习的热情，因此学习效率有了很大的提升，在上大学之后，我更是爱上了跑步，也学会了轮滑、棒球、网球和游泳等更加丰富的运动项目，一方面能够放松身心，更让我保持着这种学习的热情。高中时我也很喜欢戴着耳机呆坐着享受音乐，周杰伦和王力宏的歌每首我都很熟悉，家里更是收藏着他们几乎所有的专辑，音乐能让人心情愉悦，在高中紧张的学习中听这些音乐极大地缓解了我的压力，让我能够保持着健康积极的心态。我不喜欢打游戏和看小说，但是我身边却有很多的同学在这两种东西上浪费了大量的时间，包括很多成绩优秀的同学都为此付出了很沉痛的代价，曾经我也试过很多的游戏，但是要不了多久都会发现它们几乎都是相同的模式——重复地打怪升级，玩不了一会就会感到厌烦疲惫，所以在我现在用的电脑上没有装任何的游戏，小说也都是一些过于虚幻缥缈的情节，纯属浪费时间，这种时间和热情假如都投在学习或运动中，那将会有多大的收获呀！而且这些不好的习惯被带到大学后，由于更加地缺乏管束会严重影响我们的学习生活，我的一个大学同班同学就是由于长期沉浸在小说中导致学习一塌糊涂最终被退学，要说他曾经可是他们市里的高考理科状元啊，因此，我们都要引以为戒。

好心态迎来好成绩

回到学习上，在一年辛苦的学习过程中，我的物理竞赛水平有了很大的提升，以我对周围同学和其他学校同学的水平的了解，加上自己相对客观的评估，我有信心拿到赛区一等奖和保送资格，也有希望拿到靠前的名次而进入省队。徐老师也认为我们有能力拿到四个省队的名额。在一个暑假艰苦的准备后，终于迎来第 27 届全国高中物理竞赛，我们来到了武汉参加比赛，而我也体会了两种极端的考试心态对我的影响。理论考试前夕是个难熬的夜晚，同学们都是辗转反侧难以入眠，我觉得我这么多年来最大的优点就是心态好，在看完了一遍知识总结后躺下不久十点左右就睡着了，后来我才知道我是那晚唯一一个在一点前睡着的人，有的同学甚至是通宵未眠，因此第二天我能有着很好的状态来参加考试，这次考试也是我唯一一次能全身心投入到题目中去的考试，也取得了相对满意的成绩，但是比我优秀的几名同伴却都全部意外失利，我又一次体验到了好心态带给我的喜悦。然而在下一场的实验考试中我却走向了另外一个极端，理论成绩出来后其他同学都松了一大口气，考试前夕能安然入睡，但我却失眠了一整个晚上，由于我的理论分数是处于一种靠省队边缘的状态，如果实验发挥不好很可能会落选省队，脑子止不住一直这样去想，直到第二天下午考试前达到了一种快要崩溃的状态，中间有个小插曲，我的手指不小心被割破了，很久我竟然都没发觉，直到后来别人提醒我满手是血的时候我才发现破了很大的一块，就是在这样疲惫的状态下考完实验，如果不是因为在学校时实验训练足够的话，可能就被实验拉了下去。所以说心态对考试的影响是极为巨大的。凭借着冬令营的成绩我也终于顺利保送到了清华大学，实现了我高中最大的目标。

我一直觉得我是一个蛮让人励志的例子，总分从未上过六百更从未进过年级的前一百名，最差甚至考过年级的四百多名，是一个典型的"瘸腿"学生，语文英语几乎长期处于班上倒数，像高中生物化学两门课程由于我一直认为它们的内容是更偏向于文科，因此也是挣扎在倒数的边缘，一方面你们也可以理解我为什么能完全放弃高考而冲击竞赛，不过我觉得这里面更加重要的是这种乐观心态对我的影响，也许我们会被我们不够理想的成绩所挫败而出现消极的情绪，甚至怀疑自己的努力是否会有收获，曾经竞赛失败的我在一年的努力后也能最终保送清华。其他人为什么不可以呢？我不像另外几个综合成绩名列前茅、竞赛也拔尖的和我一起保送到清华北大的同学，他们虽然比我聪明，但我更加了解自己的专长兴趣，在乐观心态的促进下我可以取得和他们一样好的成绩。即使我其他科目差，但是在数学物理方面，我有信心通过自己的努力超过其他的同学，只要能踏踏实实学习，怎会有学不好的东西呢？永不言弃，终能赢得成功，就像"奔跑"中唱到的那样：即使再小的帆也能远航！

点评：

　　张旭同学是黄冈中学2011届奥赛班物理小组的学生，因物理竞赛成绩突出保送至清华大学。在竞赛学习中，张旭同学思维敏捷，学习方法独特，物理成绩尤为突出。在学习受挫时，总能及时地反复剖析自己的优缺点，找出问题所在。在学习中不拘泥于课本上的公式、定律，思维开阔，能大胆尝试一些新的解题方法。他认为学习中最为难得的就是态度踏实、谦虚和坚持不懈。高中三年的学习，他一直是踏踏实实，胜不骄，败不馁！所以他最大的优点就是心态好,哪怕是曾考过年级的四百多名,也从不言弃。张旭同学学习目标非常明确,每一次取得阶段性成绩时,他都能保持平静的心态,而且从不满足于自己在学校里取得的成绩,他深知人外有人、天外有天。在紧张刻苦的学习中,他也很会缓解压力,课余时,足球和音乐是他的最爱,这让他总能保持着健康积极的心态。所以他总能轻松自如地应对考试、正常发挥。祝愿他在以后的学习中能继续保持着这种乐观、积极向上的精神,早日实现自己的远大理想。

——王小敏老师

感恩黄高 圆梦北大

文/戴双凤

姓　　名：戴双凤
录取院校：北京大学2011级工学院能源与资源工程系
爱　　好：打羽毛球
座 右 铭：成功在于不断努力。
获奖情况：校级学习标兵

离开黄高已经一年多了,我也已经学会了接受这比想象中要忙碌得多的大学生活,但是,我还是会时不时地想起黄高,想起那三年的成长历程……

2008 年,我幸运地通过了黄冈中学理科实验班的预录考试,成为了黄冈中学的一员。于是,在黄高的天空下,我度过了那难以忘怀的三年时光。

刚入学,我就清楚地知道,虽然初中时我在我们学校成绩很好,但是,到了这里,我不过是一个普普通通的学生,这里,很多人都比我优秀得多,我只有努力才能不落后。

我不是一个很聪明的人。上课的时候,老师讲完新知识就会马上出例题给我们做,通常情况下,我得出答案所需的时间都比别人长,很多次,当全班一起说出答案时,我还在计算中,甚至有时候连思路都没有。有时候,埋怨过自己的脑子,怎么转得这么慢?自己为什么这么笨?可是,埋怨有什么用呢?好不容易考到这个学校,我不能自暴自弃。渐渐地,我发现,其实对于每一点新知识,用法就那么几种,只要掌握这几种用法,解题就没问题了。于是,每次讲完例题,下课后,我都会认真总结解题技巧,这样,以后再遇到同类型的题就不会束手无策了。

追梦北大

在我的努力下,高一上学期期中,我出乎意料地考了全校第一名,我的努力得到了一个很好的回报。

人一得意，就容易忘形。我没能打破这种普遍规律。上课不注意听讲，考前也不认真复习，于是，高一下学期期中，我的语文成绩跌到了90多分。这次失败让我深刻地认识到：骄兵必败。在找出自己的错误之后，我开始调整态度，学习也再次步入了正轨。或许是因为有了那次教训，我不敢再掉以轻心，高二的成绩也就比较稳定，在我印象中，好像从来没出过年级前十名。我的努力得到了老师的认可，也为我赢得了一个难得的机会——去北京大学参加暑期夏令营活动，也正是因为这次机会我才能圆梦北大。

　　从小我只知道北京大学是一所很著名的学府，在我心中，那就是一块圣地。如今，我有幸能走近她，想想就觉得十分兴奋。

　　就这样带着一种激动的心情，我来到了北京。

　　初次到北京，不认识路，绕了好大一圈才找到了北大西校门。看到那带着浓厚古典气息的西门的时候，就感觉自己在做梦一样。以前只在照片中看过的北大，如今就这样真切地矗立在我的面前，这个魂牵梦绕的地方，我终于能亲自走进她的怀抱。在接下来的几天里，我和来自全国其他各省的同学一起听了几场北大教授的讲座，参观了校史馆和图书馆，观看了一场芭蕾舞演出，这样，我对北大的了解就不只是停留在"著名学府"这个简简单单的称谓上了，那几天跟北大的亲密接触，让我深刻地认识到了北大厚重的人文底蕴以及北大历史所承载的浓烈的爱国之情，图书馆的藏书、百年讲堂的演出让我禁不住遐想北大人学习与生活的丰富多彩，我想：如果有一天，我能成为这个学校的一分子那该多好！只是，一想到夏令营期间的一次考试，我就觉得，北大真的是可望而不可即。那次考试考得很差，印象最深的就是数学了，只做出来一道题，还有一题就只写了一点，而且还不知道是不是正确思路，其他题一个字也没动，考完出来，整个人就崩溃了。再问一问宿舍的其他人，都做了四五道，那一刻，我真切地看到了自己与其他人的差距，突然明白，即使我在黄高排名很靠前，但是跟全国相比，还有很多很多比我优秀得多的学生，北大，似乎就真的成了一个梦，一个永远都无法实现的梦。不过，我也不会就此颓废下去的，既然意识到了自己的渺小，那就要努力完善自己，不只是为了高考，更是为了自己心中的那一种追求——要成为一个优秀的人。

夏令营活动结束之后，我便回到了学校，我的高三生活也由此展开。

我记得上高三之前，同学在班上读报时间读了《我们都不是神的孩子》这篇文章，是一个文科状元写的，当时听了这篇文章之后，我便对高三充满了恐惧，因为在这篇文章中，她提到自己在高三做了"语文83套，英语52套，数学65套，文科综合95套"，以此类推，作为理科生的我岂不也要被淹没在题海了？真的很不想高三的到来。

但是，那次夏令营活动改变了我的想法，我想，要成为一个优秀的人，怎么能不吃苦呢？有努力，才能有收获嘛！

高三，来吧，我不怕你！

挑战高考

然而，我似乎高估了自己的承受能力，这种昂扬的斗志没坚持多久就被各科纷至沓来的作业消磨殆尽了，我开始不知所措。在知道自己通过夏令营期间的那次考试为高考获得十分的加分之后（看了一下成绩，貌似除了数学之外其他科目考得都还可以），似乎所有人都认定我是奔着北大去的，但是，我自己却一点信心也没有，我觉得学得好累，特别是在准备自主招生考试的那段日子，由于要在两个地方上课，而且两边都有作业，面对那么多的作业，我都不知从何做起。一到教室，就趴在桌上发呆，甚至有时一想到作业就烦。那段时间，感觉每天都过得很不踏实，考试也很不尽如人意。

到了高三下学期自主招生考试考完后，作业对我来说似乎是少了一些，但我的物理成绩让我感到自卑，每次考试都要比别人少一二十分。有时候别人认为一个很简单的题目，我却要花很长时间才能做出来。特别是高三的内容，记的东西比较多，好多课本上的内容学过了却没啥印象。我知道我不能再这样继续下去，我决心要改变现状。我逼着自己在课外时间训练我很讨厌的物理。一段时间后，物理成绩似乎有所提升。但是我考试时由于做题速度太慢，理综基本上都无法做完，导致考试一次又一次失利。接连不断的考试失败让我异常烦躁，我真的很害怕让爸妈失望。高考逐渐临近，我的状态却一直没有很大改善，考试成绩也时好时坏。

直到高考前几天，因为黄高是考点，需要我们退出教室来提前布置考场，所以我们停课复习。这段时间，我们就比较自由，想复习就复习，不想复习的时候可以到处逛逛。我想，也许正是因为这样，我的心态才能逐渐好转。那几天，我一直和室友在一起，一起学习，累了的时候，一起散步。一直以来，我都很喜欢散步。当我迈着悠闲、散漫的步伐的时候，似乎世界也运转得更慢了，我的心也不再那么焦虑。如果在散步途中吹来阵阵凉风，我会更加享受，似乎风儿在带给我凉爽的同时还能吹走我的忧愁。偶尔我也喜欢看着天空，它的广阔总能给我带来一种内心的宁静，内心宁静了，对那些定理定律也就不那么反感了，我也就逐渐找回了学习的乐趣。

高考那天，当我踏进考场的时候，我告诉自己，我所具备的能力已成定局，担心也没用了，现在你的任务就是完成试卷上的题目。凭着这样一种心态，我完成了高中最后一场考试——高考。

说到高考，其实我也没有太多的经验可以分享，先易后难、保持平常心等等，我觉得这些话大家的耳朵都应该快听出老茧来了吧。在这里，我只想强调一点：正确率比速度更重要。这是为我血淋淋的事实所证明的。

高考考完数学后，我想：除去最后一题不会做的部分之外，其他的应该没什么问题吧，应该能拿个140左右吧，即使有人拿了满分，140应该也不算太差吧。我这样安慰自己。

直到高考之后的第二天对完数学答案，我才知道我高估了自己，数学又一次拖了我的后腿。我竟然错了俩小题，而且倒数第二题算得也有问题。分数出来后，果然是只有120多分。我认真反思了一下，为什么会出现这种状况呢？在平时，我的小题的正确率一般都是很高的，只要不太难的话，一般都不会错的，而且，我觉得高考数学的小题也不难啊。

想了很久，我终于得出了答案：为了追求速度，我牺牲了准确率。

之前说到过我做题速度慢，所以，有很多次，在规定的考试时间内，我都完不成我的答卷。于是，我便决定改变策略：先做题，做完后再来检查。只是，我没想到的是，最后一题我不会做，即使之前不停地赶进度，做到最后一题的时候还有很多时间，但是，我的脑子就是不开窍，折腾最后一题折腾了好久还是找不到解题思路，于是，后面的题没做出来，前面的题也没有再复查。我的数学就这样悲剧了。因此，我想要告诫大家：千万不要盲目地追求速度，要在保证正确率的情况下再来尽量提高速度。

回顾我的读书生涯，可以说，高三是我最失落彷徨的一年。有时候觉得，或许换个心态，我能过得更快乐，也正因为这样，每次回忆高三的时候，总是有一些遗憾。

高三，我太看重分数与名次。考试的失败总是让我倍感失落、焦虑，这严重影响了我的学习效率，考前无法心无旁骛地复习，考试的时候又害怕会考得不好，导致不能认真完成题目，这几乎就成了一个恶性循环：越怕考不好就越不能安心答卷，不能安心答卷自然就考不好，考不好心情就不好，心情不好就没心思学习，更不想复习，复习不好考试的时候就没有自信，没有自信的时候就会怕考不好……衷心希望如今还在为高考而奋斗的同学们不要再犯跟我一样的错误。换个角度想想，如果你某次考得不好，那就说明考试的内容你还没有很好地掌握，这不是正好提醒你该好好复习这部分内容了吗？复习好了，那么，当高考再考察这部分内容的时候，自己不就胸有成竹了么？假如说，每次考试都考一些你知道的东西，那高考的时候出现一些你不知道的内容，你不就傻眼了么？考试，本来就是一种查漏补缺的手段，它只能代表过去，好好利用考试找出自己的纰漏之处才是上上之策。

此外，我给自己施加了太大压力。在高三，压力，每个人都有，有压力才有动力嘛。只是，压力太大，最后就成了负担。在高三的时候，我老担心会让父母失望，所以总是不能好好休息，睡眠不足，学习的时候就容易犯困，这样，成绩又怎能不后退？我记得高三时化学老师曾跟我说过一句话，这句话让我感动了好久。她说："父母总是希望孩子好，在父母心中，孩子开心才是最重要的。父母不在身边，你要是有什么不开心的，随时跟我交流。"那一刻，我跟老师之间的隔阂似乎消失了，以前，我总觉得老师不能完全理解我，所以，有时候，我是不太愿意完全敞开心扉的，但是听到老师说"在父母心中，孩子开心才是最重要的"，突然就感觉心里的石头落下了，每天过得也不再那么累了。所以，不要太过担心父母的看法，该休息的时候好好休息，不想学习的时候可以干些让自己愉悦的事情，这样，学习的时候才能更加精力充沛。

感恩黄高

当然，除了遗憾之外，更多的是感恩。

我永远都不会忘记老师们的恩情。"春蚕到死丝方尽，蜡炬成灰泪始干。"为了学生，老师们真的是付出了很多心血。我记得当初我的作文总是写不好，于是，语文杨老师就特地拿来一本往年高考优秀作文让我学习。想起高三的时候我老是抱怨老师批评我，就觉得我很不知道珍惜。没有人有义务督促你去学习，老师们的批评只因不想看到你松懈。到现在我才明白，这有多么难得！希望如今还在高中的孩子们多多理解老师，多和老师沟通，对于学习，老师们的经验肯定比我们丰富；对于备考，老师们的策略一般都比我们有效。多和老师沟通才能少走弯路，更有效率地学习。

我同样永远不会忘记同学们的陪伴。记得有一次，理综试卷发下来，看到那个悲惨的分数时，我的心凉了。我知道我的物理很差，可我已经很努力了，我不知道该怎么办。下晚自习后，回到寝室，我一言不发，满脸写着失落。室友看出了我的不对劲儿，就坐到我旁边关切地问道："你怎么了？"没想到，我却开始不停地哭。之后，她一句话都没有说，只是握着我的手。同是高三学子，或许她真的理解我，她感受得到我的压力，知道我的痛苦，明白我的忧愁。朋友之间，有时并不需要太多话语，只要她真的懂你，手心的温暖胜过千言万语。那一次，我真的很感动。在高三，学习气氛会紧张很多，同学或许是你的竞争对手，但绝不是你的敌人。同学之间只有互相帮助才能共同进步。在学校，同学是与你朝夕相对的伙伴，是最能懂你的人。当你心有郁结的时候，找同学倾诉，可以有效缓解你的痛苦；当你遇到高兴事的时候，与同学共享，他们会衷心为你感到欣喜。高中三年，与同学的友情，确实是人生中一笔宝贵的财富，我会永世珍藏。

我想，黄高于我而言，不仅仅只是一座通往北大的桥梁，更是一个塑造我精神世界的殿堂。经过高中，我觉得我成熟了很多。感谢黄高！在这里，我学会了独立，一个人，远离父母，独立生活，自己照顾自己；在这里，我学会了坚强，经过多次考试的失败，我已不再那么容易被打倒；在这里，我学会了感恩，没有同学们的加油打气和老师们的辛勤付出，就没有我的北大录取通知书。

记得第一次见到黄高，就被三栋教学楼的名字所深深打动：求真、崇德、弘毅。

求真：追求真理，求真务实。它时刻提醒着每一个黄高学子要脚踏实地，追求真理，认真学习，认真做事。

崇德：俗话说，"流氓不可怕，就怕流氓有文化"。知识渊博却没有道德的人才是最可怕的。崇德，它时刻提醒着每一个黄高学子要尊崇道义，要培养良好的品德。

弘毅：士不可以不弘毅，任重而道远。弘毅，它时刻提醒着每一个黄高学子要志存高远，意志坚强。

无论走到哪里，我都会始终铭记这三条，严格要求自己，做一个合格的黄高人。

点评：

印象中，当其他同学课余时间都还在教室喧闹嬉戏的时候，走进8班第一眼能看到的就是静静地坐在教室里戴双凤同学那张恬静秀气的脸。这是一个来自偏远农村的孩子，却十分懂得自律自强。她始终以稳定在年级前十名的骄人成绩，无言地告诉着班上其他的同学：宁静才能致远，勤奋才能成学，只有经过不懈的努力才能取得优异的成绩。当然进入高三她的成绩也出现了一些小的波动，正如她在文中所说的，在高中三年最后一圈的长跑比赛中，她没能做到轻装上阵，反而是过重的心理负担影响了她，多了一些急躁求成之气，少了一份沉着淡定之态，以致在高考中也留下了些许遗憾。但是还好她挺过来了，用苏轼的话来讲，"回首向来萧瑟处，归去，也无风雨也无晴！"我相信她的发自内心的经验之谈也将成为大家的一笔精神财富。

——杨开泰老师

北大,意外的惊喜

文/王鑫蓓

姓　　名:王鑫蓓

录取院校:高考以682分考入北京大学口腔医学本博连读

爱　　好:翻译、美漫

座 右 铭:With great power,there must come great responsibility.(能力越大,责任越大)

获奖情况:2010年全国高中生数学联合竞赛三等奖

要写这样一篇文章开头很难，就像我的高中生活，它的开始并不顺利，充满了无以为继的不确定感。在此之前我的生活是一种普通水平上的稳妥，没有什么低谷，但也没有高峰，平顺而快乐地过着一个普通学生应该有的日子。

后来来到了黄高，认识了新的同学。自此开始有了一些小小的波折。和同龄人相比，我的物理和数学相当地不好。如果看到这里的人发现自己也有这样的问题，那么请别担心，因为来日方长，你有大把的时间可以和这些总量并不多的知识拉锯，还有时间就是最好的消息，没有什么来不及。

来到黄高以后认识了很多人，有老师，有朝夕相处的同学和同一屋檐下的室友。我们像一家人一样走过三年，而最珍贵的就是从此之后再也没有人能像当时一样，把集体内任何一个人的事当成自己的事一样关切地对待。

动笔写这个之前我很犹豫，因为真正想的话，这三年里大部分时间我心态都比较消极，或者说是没有什么进取心，大概是因为性格原因，更倾向于不争不抢顺其自然。这种心情有坏处也有好处，坏处就是没什么目标，好处是同样没什么压力。这里说的消极并不是怠惰，只是一种不给自己设定某个急切追求的目标从而就没有压力的心理状态，太过渴求常常得不偿失，无欲无念反而能够安下心来做事。高中的学习还是很单纯的，摒弃一些功利思想，专注地做好手上的事，学好当前的东西，也是一件相当踏实而愉快的事情。

渡过高考这条河再回头看来时的岸，如果一定要说什么感想，那应该是，请一定相信自己。无论这个相信后面接的是什么内容，就把它当作执念一样，无论如何都坚持下去。

我遇到的，可能许多人都遇到过。偏科，经常走在及格边缘的数学物理，回头一想自己都汗颜。那个时候倒是没有想太多，只是想把自己写下的每个字、每个符号都落到实处，至于那些空白，不是自己的，至少不属于那时的自己的，就也不去烦恼太多。一直到高考，我都还是这么想的，要对自己写下的每一笔负责。相信自己的成长，我们要做的只是在任何时候都努力做到自己的当下的最好，那些现在的我们还不足以够到的东西，不要为它过于烦恼。

说起高中三年，每个人都有自己的看法。有人觉得充实紧凑，有人觉得苦不堪言，有人觉得神采飞扬，有人觉得压抑青春。不管我们怎么想，这三年客观地说还是有很多辛苦。从前的很多坚持可能都要放弃，很多棱角可能都会被磨平。但是要相信自己的坚强，可能在这三年里面对很多事我们不得不收敛羽翼，内心深处那个真正的自我却不会因为外来的压力而改变，它只是暂时蛰伏在地下，在那里和我们一起完成蜕变，只待走过这三年，便会以更饱满的面貌重新舒展开来。

有些弯路只有自己走过了才能学会放弃，这么一想更是不知道说什么好。我们其实很强大，比我们认为的要厉害得多，所以要相信自己，把自己当作是自己的信仰那样相信自己。然后要为了变成更好的自己而不断努力。

很抱歉可能没法讲出一些实质性的东西，比如大家可能都想知道的学习方法一类的。除了老师指定的之外，我没有做过辅导书，就只是单纯地做老师吩咐的事，该做的题，该背的书，全都做好了，就没什么可担心的了。大部分的时候跟着老师走，理科做题文科感悟什么的。不要对什么都抱怀疑的态度，如果觉得确实有疏漏，或者是自己的原因有哪些不足，再因人而异地补全。

毕业已经一年多了，很多事情和心情都不太想得起来。找到刚毕业的时候写的一篇文章，用了一个很文艺的名字叫《年华一瞬，书远梦沉》，多少能反映一点高三时候的心态：

这一年从 2010 年 8 月 8 日开始，极其平淡，恪守着它该有的所有准则，分秒不乱，没有惊吓同样也没有惊喜。

刚刚开始的时候我曾经在作文里写，"过往的时间在身后以土覆面以石竖碑"，像是颇有决心，做了了不得的准备。现在想起那种心情觉得相当遥远，可能从此以后都不会再有那样纯粹是为了一件很单一的事情努力而不考虑其他的时候了。后来它是怎样一点点消磨在酷暑严冬还有春天的花粉里，我也很难说清，不再有热情，但还是沿着当初的路向既定的终点重复地迈步。

习惯了之后，所有的事情都会变得很简单。而那些曾经抱有的灼灼梦想最终也都会归于平淡。

所以我觉得，高三就是非常普通平凡的一年。做该做的事，听该听的话。没有所谓严苛的约束，所有的都会变成习惯。每周几次检测训练或者几天刷完一本书，当时多么地拼命学习，现在最多给自己一句"啊！我那时好厉害"，如此而已。

记得在送给朋友的文里我写过类似的话，我们一直坚持，到底是坚信梦想可以实现，还是说只是因为不知道下一秒会发生什么事而存有的普遍好奇心。"传说中的"这一年，没有看到什么浴火重生，只是觉得好像走过来以后，心跳振幅减弱，坚强程度激增，不再敏感不再脆弱。因为最终都会变成习惯再归于平淡，就很难再兴起什么心情。

元月份是最焦躁的时候，不知道想朝前走，还是想退回到过去的地方。回想起来完全不觉得有焦躁的必要，因为根本没有回去的可能，可以回忆，没有必要纠结。总是要朝前走的不是吗，你不肯走，自有时间推你向前。

后来有对大量的作业、对频繁的考试的种种不适应，但是现在完全想不起来那种感受。当时剜心刻骨的，过去了之后也都不值一提。

最后最后的时候，座位移到窗户边，一只蜘蛛在我高中的最后挂在窗外默默织了一张硕大的网。那个时候很闲适，看书，刷卷子，都是熟悉的、习惯的一部分，有一种老了的安详。

……

写上面这些东西的时候还没有出分，后来知道了，682，填的是北京大学医学部。应该是出乎很多人意料的成绩，包括我自己也没有想到。很多人说我能做到这个程度是因为心态好，我觉得应该也是这样，心态这个东西说起来很虚，只有心态好不行，但是没有它也一样不行。

有这么一句话："We plan for days and days and when the time comes, we proceed to improvise."借用别人的翻译是："我们日复一日精心规划着，可临到关头还是要即兴发挥。"这句话是 MARVEL 家的超级英雄快银说的，觉得很有道理，所以在这里引用一下。走进考场的时候也是这样，大家都已经尽力准备，程度也相差不远，临场的发挥就成了关键。记得上考场之前大家在楼外面聊天，有的同学说紧张得吃不下饭睡不着觉，我倒是觉得跟平时没什么区别。如果平时的每一次考试都能认真对待，那么面对高考的时候也就和平时的考试差不多，当作一次练习，认认真真地完成，交上一份自己的答卷。可能说得轻飘飘做起来很困难，我也承认这一点，比如我自己现在的心态就不如当时成熟，什么都拿得起放得下，反而有些钻牛角尖，从做事的结果来看，也还是当时那种比较平淡自然的心态要好很多。

再说回考试之前的准备。准备期的概念很模糊，可以是整个高中的三年，也可以说是最后的复习期。复习的时候有时可能会觉得很焦虑，要做的事情太多而时间又不够，所有的科目都挤在一起，而自己的精力又总是有限。该做什么好呢，这时候做什么才是正确的呢，可能时常会有这样的疑问。再引用一句话好了，这次是来自DC家的绿灯侠哈尔·乔丹，"You can't foresee all the consequences of your actions——But that's no excuse to do nothing."（你不能预见你所做的事会造成什么结果，但这并不是毫无作为的理由。）高三复习期尤为如此，不应该把宝贵的时间用在烦恼和犹豫上。只要去做，就一定会有收获。

记得大一的寒假回到黄高去交流，站在台上也和现在一样不知道该说什么。那时候下面的大家很闷，不管说什么都很深沉的样子，没有什么反应，可能是心里惦记的事情太多，都一副愁眉不展的样子。可以想象现在念高中的孩子们比我们那时的压力只有更大没有变小，也许确实未来有很多事情需要忧心，但高中最合适的状态应该还是心无旁骛地做好手头的事，那么当最终走上考场的时候就是水到渠成。

现在我就读的学校是北京大学医学部，或许和很多大学相比，这里是一个更加类似高中的环境，课业满，生活单纯，但毕竟是大学，不可能像高中的学习生活那样心无旁骛。无论哪一阶段都有它特有的磨练和挫折，在不那么顺利的时候就更需要好好调整自己的心态。

　　高中的时候我的成绩毫不出众，大概谁也没想到我会成为清华北大的学生之一，以至于后来说到我之所以能考上大概都是因为心态好。分数大概是英语一百四十多，语文一百三十多，数学一百二十多。我们这一届理综题中等难度可能刚好合适，于是自己也没想到地考了将近两百八。物理一直是硬伤，已经高三了还经常被物理老师批评没有理科素养，物理课被说哭简直是家常便饭，后来也还是过来了，按老师交代的做题，大概那么几个套路，都摸清楚了也就没有什么好怕的了。数学倒是一直都做不完题目，后面总有那么几问是做不出来的，也就不多纠结，保证做了的题全对，基本的分数也就有了。化学和物理差不多，做题摸套路，而生物主要是好好背知识点。相对做得好一些的是语文和英语，这个可能是很多女生的常态。英语是喜欢，直到现在也很喜欢，四六级过得也很顺利，一般来说喜欢的事情要想做好也会比较容易。语文的话有些此一时彼一时的，偏感性的东西总要看能不能对路，也有比较固定模式的题型，按老师说的好好背诵熟记就没有问题，至于需要自己理解的部分，虽说是比较抽象的东西，还是可以通过练习找到一种比较普遍而稳妥的模式的。作文比较难说，看我这篇颠三倒四语序错乱找不着主线的文章多少能猜出我这个人有点随便，如果题目碰巧是我想表达的东西才写得出东西，但是考题不会去适应每个人，因此也依然需要通过练习和学习找到基本的套路，先保证稳妥，再考虑是否能出彩。

高三虽然辛苦，但毕竟也是生活。只要是生活，就必然有各种各样的情感，而往往越是苦闷的时候感情就越需要一个突破口。高三的时候晚自习的课间我会和同桌下楼去操场跑步，虽然是她跑两圈我走一圈，然后我们在黑黢黢的操场上仗着没有人看得清我们是谁，特别大声地喊一些很蠢的话。或者是和朋友趴在栏杆上，对着对面灯火通明的教学楼唱歌，因为夏天临近，教室闷热，走廊上是唯一凉快的地方。那段时间老师也格外关心大家的身体健康，看到同学脸色不好或是神情疲倦都会关切地询问。人总是觉得正在经历的事情很苦，但是走过去之后回想起来的又总是只有那些好的部分。被忘掉的，比如盛夏时没有空调，电扇又吹不到的教室角落，还有食堂里纵横交错的队伍，被粉笔灰呛个没完的第一排等等。记得的，一起打过的排球赛，买了晚饭坐在乒乓球桌上吃，照着快落下去的太阳看操场里面田径队一圈一圈跑过去，诸如此类。那个时候每天所见的老师、同学，还有那个一直想从这里离开的校园，后来才会发现它其实非常美，而你在很远的地方只能想念。

毕业时隔已久，想起来的大都是些琐事，絮絮叨叨说了很多不见得有意义。总之，过好每一天，做好手上的每一件事，高三是生活的一部分，就平静地接受，安定地度过，考场上的两天之后，朝自己想去的方向出发。

点评：

王鑫蓓同学文雅秀气，自然大方。上进心强，虽然当初进班的时候数理偏弱，但她从未灰心放弃过，一直跟着老师的节奏走，一直坚持努力到高三，最后理综由当初的班级倒数第一跃为高考全班第一名。当年高考682分，成绩出来后，确实给了我们一个意外的惊喜。但仔细想一想，这个成绩也在情理之中。她平常学习就很踏实，每科笔记做得工工整整，作业做得漂漂亮亮。考试认真细心、答题规范严谨。遇到挫折能及时调节好心态，找出问题，注意总结，追求最好，坚持不懈。此外我想说的是她的文笔很好，充满灵气。文学是解剖人心的，医学是解剖人体的。鲁迅当年弃医从文，是源于对祖国的热爱和对人心的洞察，王鑫蓓同学本来也是一个很好的文学家的料子，却弃文从医，是否也是源自她对医学的一份热爱呢？愿她在医学道路上越走越好。

——杨开泰老师

那些年，我们一起经历的高中

文/潘宇宸

姓　　名：潘宇宸
录取院校：2011年高考以675分考入北京大学临床医学本博连读
爱　　好：笛箫、阅读
座 右 铭：人心若水，水浅则清，心大则浊。
获奖情况：全国高中物理竞赛省二等奖

接到班主任的电话时，我正在厨房里准备切点小菜。

"……是这样的，清华大学出版社的编辑约我……"

原来如此。

我本想一口应承，但话到嘴边终究是没说出口。倒非生性怠懒，只是日子久了，记忆早已不是那么真切。若是随性为之信口开河，一旦有幸见诸世人，岂不是误人子弟、贻笑大方？

"具体要求是？"我有些谨慎。

"……不一定就都是学习经验或应试技巧的总结，最真实的经历就好……"

我舒了一口气，这样，倒也无妨。

不过，高中啊……

从哪里开始呢？

"哇，你好高！嘿，他叫罗森，你看像不像泰山？"

"呃，这个……"

我确实不好评价什么，对着连名字都是刚刚知晓的陌生人大放厥词，大概只有那种真正的自来熟才做得到。

我只好支吾着，颇为狼狈。

这幅窘境是我始料不及的。过五关斩六将来到黄冈中学，个中辛苦不足为外人道也。又听闻预录后的暑期集训是进入实验班的唯一途径，早已是摩拳擦掌跃跃欲试，别说是书山题海，就是刀山火海也敢闯他一闯。

但对于一个从未有过住读经历的人而言，如何得体地应对一个滔滔不绝的自来熟舍友，实在是一件出乎考虑范围的事情。

于是我继续支吾着。

两个闷葫芦在一起很尴尬,但对一个闷葫芦而言,更加尴尬的是这个闷葫芦不幸遇见了一个自来熟。

而且还是在毫无心理准备的情况下。

所以,当他终于想起该是去教室的时候了,我的心里是十二万分庆幸的。

只是,经历了这场意外,那种舍得一身剐敢把皇帝拉下马的壮志豪情,终究是再也没法那么理直气壮。

复习得很完美却忘带笔墨的考生,孤身阻敌却意外迷路的死士……

类似的语句不停地在脑海涌现。

高中的生活,似乎和我想的不太一样呢。

日子总是过得很快。

学习外的琐事令人猝不及防,但随着时间的流逝,再陌生的东西也都会变得熟悉。而当我终于确信自己在校园任何一个角落都不至于迷路后,我那争强好胜的心思也渐渐活络起来。

一如前文所言,暑期成绩的考量是实验班筛选人员的唯一指标。而哪怕只是初来乍到,关于实验班和平行班截然不同的升学率的风闻也早已是耳熟能详。

更何况,能来到这个暑期培训班的都是各自初中里尖子中的尖子。若是叫人比了下去,纵是口头不说,心里多少也有些不快。

抱着这种想法的人显然不止我一个,时值盛夏,又是奥运盛会第一次拜会中国,夏日炎炎的中午仍躲在教室里苦读的人却不在少数。只是南国的夏天本就燥热，黄冈更是与三大火炉之一的武汉毗邻，烈日高悬之际教室里的滋味可想而知。纵是有幸坐在电扇底下，也决计是和清爽这二字不沾边的。至于那些坐在角落的同学，其窘态更不用多说。而盛夏的中午一般人都有小睡一会的习惯，哪怕只是十来分钟，下午的精气神也和旁人是截然不同的。可夏日炎炎好睡眠不假，但说这话的人想来多半是躺在空调房里的——最不济也得手持蒲扇，躺在阴凉处的摇椅上。若是场景换成了闷热的房间，惬意就差不多沦为了一种罪过，一觉醒来湿乎乎的一身汗，说不定还得哀嚎两句连课本都湿透了。

其实大家都很清楚，这种情况下的学习并没多少效率可言，还不如躲回寝室里吹吹空调——然后无论是温书还是休息都高效得多。只是，既然大家都疯了似得往教室里跑，一个人躲在寝室里也委实是太不像话了点吧。

"天啊，那家伙怎么还在教室里，快回去吧，这样我也能回去了。"

"好热啊，可是我绝对不能回寝室，你看那么多人都在这，我回去岂不是显得我很不用功？"

……

尽管没有在事后去追问，但我猜大多数人的心理都是这个样子。

这样的状态大约持续了一个月，然后我们迎来了最后的考试，接着便是安静地等待结果。

成？败？

我发现我对结果倒并没有最初那么在意了。

几天后成绩公布，我如愿进入了理科实验班。我却没有多么兴奋，只是长舒了一口气，多了种如释重负的快意。

人都是有惰性的。

多日奋斗的目标一夜间功德圆满，三年后的高考仿佛还有一辈子的时间，而学校也没打算给新生们太多的压力。于是日子一下子变得懒散而闲适，如同从烽火连天的最前线来到了纸醉金迷的旧上海：按部就班地听课，作业，每天都多出了大把的时间———时间似乎也没了其他要做的事。有心改变些什么，坚持了几日，回顾四周却找不到志同道合者，自觉一种踽踽独行的殉道者的怆然，便也渐渐地放弃了。

功利地讲，这样的散漫显然不是一个合格高中生该有的状态，事实上我经常在想如果有人能够从高一开学那天起就以一种昂扬的姿态为高考而努力的话，大概等到高考后，至少大陆上是没有什么学校或专业是他不能去的了。只是这样的话，我们一定能培养出应试教育的宠儿，但用苍白的试卷和或许一辈子都不会用到的学科知识填满一个人世界观塑造过程里最重要的几年，恐怕绝无办法培养出人生的宠儿——虽然如果他们可以办到的话，大多数学校都会很乐意如此。从这个角度讲，我很感谢我的母校黄冈中学：在教育市场化愈演愈烈的大潮面前毅然扛起素质教育的大旗，该是件多么不容易的事情。

我就是在那段时间迷上阅读的，《意林》《格言》《青年文摘》《特别关注》《杂文选刊》……还有后来被我嗤之以鼻的《南方周末》，我每月的生活费倒有一百多元砸在这些报刊上了。读书时，或卧或躺，不拘一格；杂文散文，来者不拒——反正读过后也用不着写上一份"诗歌除外，不低于800字"的评论，我也就乐得多看。读至妙绝处，也拍案叫绝，长叹一声"妙哉"。只是或引旁人注目，不免尴尬，一时间恨不得以书掩面狼狈而逃，只得宽慰自己"少年心性，本该如此。少年心性，本该如此"。

这样的状况持续了很长一段时间，直至学业压力渐大，寝室里的柜子再也塞不下每月10余本的闲书，才渐渐减去了看书的数量，只是这阅读的习惯却三年间都未曾放下。闲暇时捧卷观之，也用不着沐浴焚香，纵是记不清什么落得竹篮打水一场空，至少，那篮子是干净了的嘛。

古人云"鱼与熊掌不可兼得"。虽然迷信老祖宗的智慧总有泥古不化的危险，但能流传至今的话终归是有它的道理。既然我在闲书上投入了过多的兴趣乃至有点忘乎所以，在期中考试上马失前蹄也就成了理所当然的事情。年级四十名——这个成绩让我的眉毛拧了又拧，团成一股绳再团成一根麻花。

不过班主任倒没这么看：暑期的培训是尖子生的培训不假，但它毕竟也只是通过一次考试挑选出来的尖子生。像"野无遗贤"，"天下英雄尽入吾彀矣"之类的混账话，天底下大概也只有别有用心的小人和狂妄到极致的家伙才能说出口，而相信这般说辞的，大概也只有不折不扣的糊涂蛋了。成绩从暑期的一二十名滑落至正式开学后的四十名，也不过只是为这一结论打上了轻描淡写的一笔注脚，没什么值得注意的地方。也正因此，当他在课堂上念完成绩分数后，看着我阴沉地快滴下水的面容还愣了一愣，满是狐疑地问道自己刚才是不是念错了。

他当然没有念错，可是我对自己的定位绝对不是在年级四十名这个样子，至于这个定位是否有误则另做他论。于是我很自然地把原因划到闲书看多了上，严格来讲，这是一个基本归因错误的典范，即当一个人不得不把纰漏的原因划到自己身上时,他通常会倾向于是自己不努力造成的这一后果。因为比起没有努力,大多数人更加无法容忍的是对自身能力的质疑。

其实这也不大坏,不管怎么说,下定决心发愤图强终究是件好事。记得那次期中考试之后,我的学习态度在短时间内很罕见地达到了初三的水准(我至今仍认为初三是我这辈子最认真的时间,天天不到五点就起床去上学——这可是真正意义上的天没亮就去上学了——也亏得小孩子从不会去考虑这样的规定是否合理),之后略有下滑,也大致维持在日后高三的水平。

周末放假?去教室自习会儿;中午休息?去教室自习会儿;体育课?唔,也自习会儿好了……好吧,我承认最后一条不大对,但你也不得不承认时间上的保证是成功最直接也是最有效的方法,而那些所谓的超级记忆法和密传的诀窍,则只存在于家长的幻想和出版商的钱包里。

付出很快获得了回报,高一的成绩一直处于稳步提升的状态,到了高一期末的时候晋至年级第五名,总算是出了口恶气。与此同时我也被任命为学习委员——一个理论上和班长与团支书实行三权分立,实际操作中象征意义大于实际意义,三年来唯一的政策就是无为而治的职务。

不过我到对此颇为满意,不用管事我也乐得清闲,而学习委员的职务更像是一种对能力(当然仅指学业)的认可。好比打上了免检产品标签的商品,纵是再怎么落魄,只要尚说得过去,就没人会对它的品质提出什么质疑。只是塞翁失马,福兮祸兮?正因如此,我高二再也拿不出高一考试失利后的斗志。虽然期间也拿过一次年级第一,但看上去更像是托大家尚未用功的福祉,总体仍是忽上忽下,如今年的白银市场一样触目惊心。

竞赛……

生物，数学，物理，化学……

据说竞赛的初衷是为了给那些偏科怪才们一个一展所长的机会，但对于那些踏踏实实准备走高考路线的普通人而言又是意义何在？我花了几年时间来思考这个问题，最后只得痛苦地得出这样的结论：其一，大家的简历实在太过单调，需要些证书来点缀；其二，红花还需绿叶衬，让那些投入了全部精力的竞赛生一无所获实在不妥，让一个比赛的最后一名同样拿到奖项开开心心捞到高考加分更是不妥，组委会思前想后，终于意识到大量的炮灰是解决这个问题的最佳途径。

是的，炮灰，我是这么称呼包括自己在内的那些身为普通人的参赛者的，除非否定掉金牌教练与竞赛培训存在的意义，不然炮灰始终是炮灰。当然，组委会是不会承认的。恰恰相反，他们还会推出除却装饰简历外毫无作用的省市级一二三等奖吸引人气。对于这种奖项，称之为特等炮灰，一等炮灰，二等炮灰似乎也未尝不可。

感谢这些奖项，它们让我在面对空荡荡的获奖经历那栏时多了几分底气。

不过也因为这样的原因，好好一个竞赛在我们这些非竞赛班的孩子眼里倒成了一项颇为有趣的娱乐活动。可不是嘛，你见过有哪个考试考完后不少人都在开心地讨论有多少题不会做？偶有真想考好的大神，每多做出一道题，便能赢得周围人顶礼膜拜的注视。

一项奇特的课余活动——也许便是这竞赛的意义其三?

我不由想起高一时的老师一次突发奇想:把每个学科上的尖子生抽出来组成学科兴趣小组,美其名曰诺贝尔XX小组,试图以此带动班级的学科建设。不幸的是老师的计划后来彻底流产,仅以我所在的诺贝尔语文小组为例,本该是至少也得每月一佳作,结果我如今仔细想想,当时做得最多的却是认真讨论每月一篇文章的不合理性。而其他的小组大抵也是如此。可当这项不算成功的活动透过岁月走到记忆里来时,氤氲开来的却只有会心的微笑。

桑榆东隅,得失之幸,人生之美,莫过于是,又岂是一句成败之说可以断言?

还有那些年的青歌会,元旦晚会,班级展板,象棋比赛,运动会,排球赛,跳蚤市场,朗诵比赛……或有成败,或有得失,不尽而同。只是这一幕幕场景打马而过,虽模糊了容颜,却铭刻了委屈与眼泪,成功与喜悦,奋斗与汗水……

就这样走过了高二。

然后是高三。

这一年,发生了太多,想说的也太多,多到只要提到"高三"两个字,便有种不可言说的魔力,让空气也变得沉重。

具体哪天开学已记不清了,但肯定是提前开学了的,因为我记得食堂不大挤。只是当我开心地告诉同桌这件事时,他看了我一眼,没好气地扔出一句:

"我倒希望挤点好。"

我愣住了,旋即明白了他的意思。

嘿,你已经高三了。

所以就拿出点高三的样子来吧。

我摸了摸鼻子,保持沉默。

但高三显然不会对我保持沉默。

课表的变化是最直接的,每周一节体育课,余下皆是自习和"主课";而老师们在授课时也开始更多地有意无意地涉及高考和分数线;考试变得频繁,以至于一楼大厅里的光荣榜更新速度都有些跟不上;周末呆在教室里自习的人更多了,知名和不知名的教辅在他们的桌子上堆成了小山;寝室变得空旷,因为有许多人搬进了陪读楼——那里晚上从不断电。

所有人都在用同样的语调同样的语速同样的语气告诉你,"这里是高三"。

所有人都在用同样的语调同样的语速同样的语气回应着,"这里是高三"。

是的,这里是高三。

没有时间思考,也不必思考,只要身处其中,自会有人裹挟着你前进。

恰如最初的那个夏天。

只是这一次,是整整一年。

高三的成绩历来是个很吊诡的话题,波动似乎是种常态。有人把它归结于激烈的竞争,但如果都在拼命的话排名应该会相对稳定下来才对。于是人们又想了个词,叫状态。成绩上升?这段时间状态不错。成绩下滑?你得调整下状态。

这么说也不错，只是到底什么是状态？又该如何去调整？

三年来，从来没人告诉过我这一点。

而我也从未想明白，整个高三只是做着和大多数人同样的事情：拼命地学习，偶尔期待下不甚清晰的未来。

只是，人总会累的。

一个月可以坚持，两个月也可以坚持……可当时间的跨度变成了整整一年，还有几个人可以依旧斗志昂扬？

反正我是不行。都说劳逸结合，可真正到了那个时候，已经没几个人会提它了。听说有人凌晨一两点还在挑灯夜战？听说有人每天晚上回去后做一套理综？听说有人已经做了好几本书了？……别人家的孩子永远比你更加努力更加优秀，于是你只能加倍地努力。甚至在大年三十的晚上，也会因某地高考状元自述其大年三十依旧忙碌至午夜而惶惶不安。

哪怕此刻，你的内心已经疲惫到了极点。

刚不能久，是故亢龙有悔。

优秀的学生都会有放松自己的方式，我大学的室友一个在高三用看动漫的方式自学了日语，一个经常和人聊天聊至深夜乃至凌晨，而一位身为高考市文科状元的校友则坦言他每个星期都会出去上街娱乐溜达一下。

但这些一点都没耽误他们成就优秀，而他们的努力，也决计不会比任何一个人差上多少。

可这些东西，那时我从未考虑过。每逢考试失利，便总怪罪于粗心大意，却从未想过为何高一高二没有的习惯到了高三反而一下子全养成了。

于是除却最开始几个月因精神尚算饱满而成绩尚可外，后面那段时间简直是惨不忍睹。也亏得自己心态尚佳，考得再烂也自觉天下第一，仿佛只要解决了粗心的问题便可高枕无忧，而老师后来也没太多的强调排名的问题，否则我真疑心那段时间我到底能不能扛过来，更别提现在以一个过来人的身份，在这里聊些往事了。

再往后便是高考。

故事到了这里，其实也没什么好讲的了。用考前最后的几天好好休息——我记得当时我还去找了几本漫画来看——剩下的事早已是水到渠成。

你会成功的。

毕竟，为了这一天，你已付出了整整三年。

后记

故事里的人，用了三年来完成这个故事。

故事外的人，则用了整整三个月来回忆。

我是个喜欢写文章，却讨厌作文的人，因为后者总喜欢搬出一大堆规矩，然后让你对着你毫无感触的话题生搬硬凑起一篇大致读得过去的文字，然而这次却是个例外。

无他，只是对一个生活了三年的地方，有着太多的话想说。只是唯恐不合规矩，最后也隐去了不少内容。

比如我本来想谈谈作文，可大概只会是说得很解气而毫无实际的价值，便略去了。

比如我高三暗恋过一个女孩，当时没有表白也颇为遗憾。但我实在不想为高中是否该谈恋爱这个话题作过多议论，便也隐去了。

……

就这样改来改去，当我终于确信无关的东西被删干净后，我忽然发现非但文章变得有点前言不搭后语，就连原先准备大书特书的高三，竟也变成了薄薄的一页纸。

一页纸就一页纸吧，反正我想说的东西全在里面了。

因为我也很明白，不管这篇文章的初衷是什么，也不管其最后的命运如何，能见到并能耐着性子读完它的，九成九都是想着怎么在未来的高考中多捞几分的高中生。

既然如此，那一页纸上的内容，便也足够了。

坚持，努力，别忘了劳逸结合。

高三，也就只在于这点东西了。

其实半个人生也不过如此。

加油，未来属于你们。

点评：

潘宇宸同学是一个有着浓郁的书卷气且很有思想个性的学生，对很多日常问题有他自己的见解。他话语不多，常常是一个人坐在位子上独立思考。他喜欢阅读，对日常生活有细心的体察。有才思，文笔好，作文视角独特，构思新颖，常常流露出对时事的关注，可谓是"恰同学少年，风华正茂，指点江山，激扬文字"，对生活对社会既有思考的深度又有批判的力度，眼是冷的，心肠是热的。看问题超出了同龄学生的一般认识水平，所以作文常常被拿到班上做范读的材料。当然最后高考能取得优异的成绩，除去一份天赋，也离不开他长期不懈的坚持与努力。愿他在医学道路上行走得像他的文章一样顺畅飘逸。

——杨开泰老师

相信自己,坚持信念

文/黄铃

姓　　名:黄铃

保送学校:北京大学 2011 级化学与分子工程学院

爱　　好:篮球、台球、足球

座 右 铭:走自己的路,让别人去说吧。

获奖情况:第 24 届全国高中学生化学竞赛(省级赛区)一等奖

　　　　　第 24 届全国高中学生化学竞赛决赛一等奖

发挥自身长处，坚持不懈，一定能达到自己的目标。

我是黄冈中学 2011 届 9 班的学生，现就读于北京大学化学与分子工程学院。如今虽已大二，但每每想起三年的黄高生活仍感觉历历在目。

2008 年我从一所乡镇中学通过黄冈中学的预录考试进入了黄冈中学理科实验班，按我初中班主任的话来说这得益于幸运女神的庇佑。但是谁能说这不是昔日兢兢业业夯实基础的必然结果呢。经过反反复复的选拔考试，我进入了黄冈中学神秘的 9 班也就是理科实验班，并且在化学竞赛教练杜老师的悉心指导下，荣获 2011 年全国化学竞赛决赛一等奖，保送至北京大学化学与分子工程学院。

一、初入黄高

作为新生来到黄冈中学时和刚踏进燕园的感觉有些类似，稚嫩懵懂的少年对未来充满着希望，又有些许的迷茫，尤其是发现周围的同学异常优秀后，心里不免有点自卑。然而自来到黄冈中学那天起我始终坚持着进入名校的信念，尽自己的努力踏踏实实地打好基础。记得选拔考试的数学物理特别难，有几次 150 分的卷子成绩低于 70 分，学习的积极性很受打击。其实在学习过程中有几次考试成绩很糟糕是很正常的事情，毕竟考试存在着太多的偶然因素，这时候要学会找人倾诉和自我安慰，并且仔细分析自身的原因，亡羊补牢为时未晚，千万不要因此而一蹶不振。记得当时班里有孝感、江西来的学生，在那几次考试结束后不等选拔结果出来就退学回去了。

这里我不是想表示考试题目很变态，当然有的题目难度很大，另一个原因是学习进度快，加上由初中到高中学习模式有一定程度上的改变，学习内容难度也加大了不少。这一适应时期对新生非常重要，可能高中三年的目标就在这一阶段形成或定型，以至于决定着整个高中阶段的生活和学习方式。高中相对于初中是自由多了，老师们管得也没那么紧，学习很大程度上靠自觉。周围有些同学进校时成绩很不错，渐渐地成绩下滑，就是因为对自己的要求不够严格，学习不那么尽心尽力了。诚然高中生自由支配的时间多了，就做自己感兴趣的事，这本无可厚非。关键是在心里要时刻铭记自己的目标，明白为了实现这些该怎么做，并且是高效率地完成。

二、化学竞赛

记得当初决定学哪科竞赛的时候，大家都很纠结，很多同学认为数学和物理竞赛得奖的学生在招生时更受青睐。我仔细分析了暑期选拔的学习情况，化学成绩相对物理和数学好很多，而且自初三初步接触化学时起，我一直对化学的学习充满热情。这样搞化学竞赛一方面基础好有优势，另一方面做自己喜欢又擅长的事容易有满足感，有强大的学习动力。如果只是为了竞赛获奖取得保送资格而强迫自己学竞赛，渐渐地可能会厌烦，还可能对高考方面的学习产生负面影响。事实证明当初的选择是正确的，我在化学竞赛中获奖并取得保送资格。

我一直认为良好的态度是做好一件事的前提，我相信大家身边都有那种在我们看来智商超群的人，他们表面上对学习不那么上心，用在学习上的时间少，但是成绩永远排在前列，显得特别引人注目，然而他们认真学习起来又有谁注意过。认认真真地学一个小时，也许比漫不经心地学一上午效果好很多。保持高的学习效率是非常重要的，当我觉得没心情学习的时候我就会到教室外的走廊极目远眺或者和同学聊聊天开开玩笑什么的。

我也相信学习就像长跑，坚持就是胜利，信念和意志会助我们一臂之力。曾经我思考一张卷子上的一道推断题一整天，设想、验证、排除，反反复复。当老师告诉我答案的时候，我发现自己做对了，心情无比激动，事情虽小只是做对一道题，但是那种成就感是刻骨铭心的。高二开学不久班里唯一的女生病了，休学了近一个学期，那时候我觉得她很有可能不再和我们一起毕业了。然而她最终获得了全国中学生生物联赛一等奖，保送至武汉大学。后来得知她在生病期间一直在坚持看书备战生物联赛，真的很佩服她，一位坚强的女生。

高一正式开学后不久我就接触到化学竞赛了，第一感觉是知识很深奥，之前只看到化学的表象就是感觉有趣好玩，一旦认识加深，这种观念就颠覆了。杜老师告诉我们有些竞赛的内容要到大学才会学到，刚开始学习起来有困难是很正常的，慢慢地习惯就好了。我开始还是有点畏惧竞赛的，因为之前听说过奥数的残酷，加上初中没有学习过任何科目的竞赛，这方面底子差。但慢慢地我发现学习的竞赛内容我花点心思还是能掌握得挺好的。那个阶段，我都是先把杜老师讲的竞赛知识点死记硬背记下来，很多都不理解，然后在做练习题的时候慢慢消化，不懂或者想不明白就去查书或和同学讨论，实在没理解的就去问杜老师。我觉得看书和与同学讨论是非常有效的方法，先通过书本了解问题的知识背景和作者的观点，这样经过思考形成自己的想法，然后与同学交流。在一起学竞赛的都是同龄人，但思维习惯可能不同，看待问题的角度也相差很多。另外大家也都比较熟悉，讨论起来更能畅所欲言。

竞赛的学习以自主学习为主，杜老师就经常和我们说，竞赛教练往往起引导作用，知识的学习和能力的提升主要还是靠自己钻研，我觉得非常有道理。其实高考方面的学习乃至生活中大大小小的事都是要靠自己的，当然善于寻求帮助、充分利用身边的各种资源也是非常有必要的。后来准备全国决赛时，杜老师还在网上找了很多模拟题以及竞赛资料，我也偶尔在化学岛上和全国各地的竞赛学子们一起探讨学习方法和学习过程的问题，收获颇丰。曾经的网友现在有些已经成为了同学，每当谈起当初在岛上讨论问题时的情景，一种亲切感油然而生。

自主学习无外乎看书、做题、总结了。高中的教材一般都很薄，老师教我们把书"读厚"，往往补充很多教材上没有的知识，而竞赛却截然相反，我们要把书"读薄"，抓住重点内容，一些细枝末节的东西不必刻意钻牛角尖。那时候我们每个人的桌子上都堆着书山，直到现在面对那一本本厚似大部头的"砖头"时，老师说只考这一本书，我已经习以为常了而不是惊呼。静下心来看书，好好理解并且思考做好笔记，即使再厚的书在你心中也会很薄。竞赛如同高考一样也需要做一定量的题来巩固所学内容，而且在刷题方面也有很多相似之处，况且最后的竞赛也是以考试的形式来进行，做题就显得格外重要了。一般都是由易到难，逐步递进的，万丈高楼平地起，做学问尤其要打好基础，切记勿好高骛远。

竞赛学习的进度比高中化学进程快，在杜老师的建议下，我在学习竞赛的同时自学完高中化学，偶尔也做做竞赛高考全程对接那本书上的题目。这对于在脑海里建立一个完整的知识体系是非常有益的。另外做题要精做，题目数量虽说是无限的，但是很多都是类似的，每遇到一类题目要好好思考考察哪方面的内容，这类题目的共性是什么，做题时需要注意哪些问题。好题犹如美食，是值得好好珍惜的。要知道做题是手段不是最终目的，不要把大好时光浪费在做一堆如出一辙的题海中。对于重点内容和常考的题型进行总结是很有必要的，一方面可以加深对知识的理解，另一方面还便于记忆和运用，我总结的部分专题到大学还发现有助于某些专业课的学习。我和竞赛小组的成员还经常交换总结的内容来看，我想说的是不要吝惜自己的资源，虽然与周围的同学是相互竞争的，但互帮互助往往有助于整体水平的提高，这样不仅节省时间，有利于共同进步，而且很多时候自己忽略了很重要的方面，别人总结得很全面。

关于竞赛对高考是否有负面影响这个问题，我认为是要靠个人来把握的。就我个人来说，从高一的第一次期中考试到高二最后的期末考试，我一直在班级里名列前茅，年级排名前 30。而且班里竞赛实力比较强的同学，平时考试的成绩也都很好，很少因一门心思钻在竞赛训练上而导致高考方面跟不上进度。学习化学竞赛不但没对我高考内容的学习产生负面影响，反而让我觉得自己学习任务重更需要高效率地学习，提升自己的学习能力，以便有时间来学习竞赛。平时上课好好听讲，知识点懂了，做起题来也就不会感觉手足无措了，所以老师布置的作业一般都会在晚自习完成。我一直没有熬夜学习的习惯，一是我认为这样效率低，二是晚上睡眠不足没休息好会影响第二天的精神状态，得不偿失。当然有些人可能会说熬夜之后第二天照样精神抖擞，我想说的是这样的情况毕竟是少数，而且长期熬夜对身体健康也是不利的。每次大考之前，竞赛小组的学习就会暂告一段落，这段时间对在考试中取得好成绩以及今后的学习是很重要的，不但能及时复习近段时间学习的内容，还能极大地提高学习能力。适当的压力对于我来说能够增加学习的动力。

三、考试心得

最后不得不说些关于考试方面的内容了，在当前的教育制度下，考试的重要性显而易见。无论是想通过竞赛保送，还是千军万马过独木桥参加高考，考试对我们升入大学是不可或缺的。

首先要以良好的心态对待考试，虽然一次考试有可能决定我们一生的命运，但是我们应该清楚地认识到考试不是一切，需要重视但又不能过于看重考试成绩。越是重要的考试越是需要抱以平和的心态，以免过于紧张发挥不出自身的真实水平。2008年的预录考试我本没抱多大的希望，只是抱着试试的心态来玩玩，看一下传说中的黄高，结果却出乎意料超常发挥。而2010年9月的全国中学生化学竞赛省级赛区的考试时我心里很紧张，毕竟自己两年多的努力就是等着这一次考试来检验，而且取得一等奖就可以拥有保送资格了，这是一个不小的诱惑，再加上老师、家人的殷切期望，让我感受到了不小的压力。

考试过程中我虽然极力避免想到这些，但还是受到了一些影响。结果我取得的成绩在全省十名之后，这让想进省队的我相当着急，还好我及时调整好心态，在后面的省队选拔考试里我取得了不错的成绩，最终如愿以偿地进入了省队。由此可见心态对于考试是非常重要的,记得在全国决赛前夕刘祥校长百忙之中赶到厦门对我进行了一番教诲,我记得最深刻的一句话是说:"黄铃啊,我相信对于这个考试你花了那么多时间,已经准备得相当充分了,而且决赛这个水平已经很高了,你考试最大的障碍无外乎两个,一是粗心,二是不够自信,有可能你的想法是对的,但是自己不相信这么简单。"和刘校长的交谈让我受益匪浅,我决赛理论考试能有这样的成绩在一定程度上得益于这次谈话。

其次,对于考试要有整体观念。老师都告诫我们做题时先易后难,但考试时真正做到不是那么简单的。我有很多次这样的经历,考试过程中我都把不会做或者不确定的题目先跳过了,做会做的题。但是心里总是惦记着那些不会做的,想着把所有的题目都做对,导致不能集中注意力来思考,做题准确率就会受到影响。后来我决定要敢于放弃难题,但是会做的我争取一次拿下,该拿的分数不丢,不会做的没做完也不那么在乎了,有多的时间我再去想剩下的难题。

最后我想说的是高中的考试除了高考和几次重要的竞赛考试,其他的考试只是检查所学内容的一种手段,每次考试结束自己分析得失才是值得我们重视的,成绩什么的要看得开,无论学习还是生活往前看才是最重要的,要为下一阶段的学习大概地规划一下,这样才能不断进步。

高中的生活不仅是学习,适当地发展自己的兴趣爱好也是很有必要的,在繁忙的学习之余锻炼锻炼身体也是一种很好的缓和压力的方式。每周六下午上完课,我都会和班里爱好足球的同学马上赶到足球场,尽情地踢球直到筋疲力尽为止,现在想想这是我在黄高美好回忆的非常重要的一部分。需要提醒大家的是不要沉迷于网络游戏，偶尔放松玩一下无可厚非，沉溺其中难以自拔是非常可怕的。

上了大学我仍然十分怀念高中那段奋斗的时光，虽然会觉得有些累，但是每天忙忙碌碌地为自己的目标而努力还是很开心的。上了大学反而会觉得有些空虚，所以我还在寻找这一阶段自己真正喜欢做的事，我也在努力为自己的下一个目标孜孜不倦地拼搏。希望大家能快乐地过完高中时代，在追寻梦想的同时不断地成长，最终进入梦寐以求的大学。

点评：

有志者，事竟成。选择化学竞赛是需要勇气的，你会面对高考和竞赛的双重压力。只有心中树立远大的目标，才能坚持到最后。黄铃同学在高一刚开始搞竞赛时，也迷茫过，压力很大，但他坚持了下来，并最终走向成功，全国决赛理论考试进入前十名。在竞赛学习中，他自学能力很强，善于归纳总结，思维严密，不放过任何细小的疑难问题，具有很好的科学素养。他综合能力很强，高考科目在班级位列前三名。他爱好广泛，喜欢踢足球，是一名短跑健将。他尊敬师长，礼貌待人，和同学们相处融洽。祝愿黄铃同学学业有成！实现自己的理想！

——杜五洲老师

可以平凡,但不可以平庸

文/王伟

姓　　名:王伟
录取院校:北京大学2011级工学院材料科学与工程专业
爱　　好:足球、乒乓球、看电影、看书
获奖情况:2010年全国高中学生化学竞赛(省级赛区)一等奖

又是一年五月，黄高的五月是一个生龙活虎的季节，阳光中弥漫着的书香气息，伴随着球场上铿锵的节奏。虽然离开黄高已经快两年了，但是依然可以想见那一片勃勃生机的情景。黄高的美是一种大气的美，宽敞大气、连接成片的教学楼，凝辉楼前宽敞的中央广场，气势恢宏的体育场……每一片土地，都寄托着我对高中三年生活的回忆。

高三的同学们现在应该是很忙了，可能还会有一点紧张。不过我想，也更希望有不少同学已经是十分淡然地享受这个过程，而不再去多想可能的什么结果。鲜艳的绿在夏季灿烂的阳光里显得充满了活力与希望，正如这群风华正茂的学生在炎炎夏日里享受着烈日的考验，用自己的青春书写着人生中浓墨重彩的笔画。高一高二的同学呢，他们或许也逐渐感受到了升学的压力吧，或许还在体会着生命的可贵，感受着父母的期待，老师的希望，自己的抱负。也许此刻五味杂陈，为高三的学生加油之时，也在为剩下的高中时间做一个规划吧。

可以平凡，但不可以平庸

青春可贵之处在于这时的我们如此单纯，能够单纯地为了一件单纯的事情而不懈地奋斗，可以无怨无悔地付出。我们的青春，挥洒在了一道道题目当中，虽然不是惊天动地，却也刻骨铭心。高中三年给我感触最深的就是这样的一个个平凡的日子，平凡到看书做题吃饭睡觉，却又的确是我的真实生活写照，在这些点点滴滴中我的眼界在扩展，我的知识在增长，我的思想发生了变化。烈日下我们在足球场上奋力奔跑，让汗水肆虐地挥洒，忘记了脚下的草地都是炙热的；教学楼的走廊里有我们的身影，趴在栏杆上，望着天上的云、地上的绿树或者远处发呆，若有所思；课桌上我们做完一张卷子再接着一张卷子，奋笔疾书。

两年之后，在燕园的小路上，走在人群当中，我依然记得陈校长经常教育我们的一句朴实而深刻的话语：黄高人可以平凡，但不可以平庸；可以认输，但不可以认命。班主任周老师曾告诫我们：敢于好高骛远，善于实事求是。在我的高中时光，我一直谨记这些教诲，努力地改变自己，让自己成为一个优秀的人。在我的人生当中，我也会一直将陈校长和周老师的教诲牢记于心，鞭策自己做一名优秀的黄高人，让我曾经引以为豪的黄高在他日能以我为荣。

作为一位过来人，回头看高中的生活时，我想和还在高中的学弟学妹们分享一点我对于高中生活的感想。我所讲的是对我而言最有价值的一点启示，期待着兴许能够给你们减少一点疑惑，或是坚定你们前进的步伐！

实际上，在我高一的时候，说让黄高以我为荣这样的话还是让我很心虚的。还记得高一上学期的期末，我考得相当糟糕，年级名次在四百多名，各科全部考得不理想。当时真的是一个深深的低谷期，虽然之前也一直是很低的分数，不好的名次，但是这次我真的感到了压力。如果我在这样的考试成绩下还不奋力地向前冲刺，当时间剩下得越来越少的时候，我肯定就非常难以赶上了。我心里告诉自己，高一下学期是高中最关键的时期，这时学习的课程也是比较核心的，这时的成绩好坏将对后面很多关键的一些选择和决定产生影响。事实证明我的这种直觉还是挺有帮助的。我开始积极地分析自己失利的原因，积极地规划之后的短期道路和长期的大致目标。高一上学期学习上有较大的问题，可能是以前就一直没有注意过，但是确实存在，而且这些问题在考试中得到了暴露。比如从考试结果来分析，物理的概念题错得太多，生物的知识点很不熟而导致题目做不完，数学做题很手生，化学粗心的错了很多，语文基础知识很不扎实，这些问题都是不应该出现的，但是在我这里却的确成了最迫切地需要克服的问题。于是我得出的结论是该背的内容还是要背，这是最基本的要求；概念要清晰，这样才会有清晰的思维脉络，把握所学，熟练地加以运用。这几乎就是老师教导我们的话，但是经过自己的一番亲身经历，还是打心底里很认同。

新学期开始的时候，我尝试有针对性地改变自己，试图克服我的致命弱点。这时候我慢慢地能够调节我的心态了，能够貌似很淡定地看待成绩排名，从这时起我最快乐的事情变成了看到自己的进步。高中时几乎每周末都有数学测试，虽然每次我的分数在班上都算不上高，但是我学会了纵向比较，而不再去和别人比较。别人的高分虽然也能让我感觉到我的不足，让我知道我应该更加努力，但还是不如和自己的比较能够反映我在过去的一周的学习状态，看到自己进步的地方和不足之处，同时为自己依然还有很大的上升空间感到高兴。那种纯粹只属于自己的兴奋或快乐，更是为自己内心所需要和接纳的，于是学习成为了一种自发的寻求快乐的旅程，过程中的各种测试都只是阶段性的总结，帮助我们避免误入歧途，坚定地沿着自己的方向前进。

化压力为动力

付出不一定会有回报，但我们都明白不付出肯定是不会有回报的。我们每个人都会有自己的压力，如何正确地面对压力、对待压力、化解压力都会对我们产生巨大的影响。谁都会走到自己的低谷期，事事不顺，但是这些事情都是那么重要，可能会觉得走不下去了，会觉得无论如何也完成不了自己的必须得完成的任务。笼统地说，压力来源于对未来的担忧。如果那次关键的考试没考好，那么我的人生会有什么影响？今天的努力是为了明天能够安稳地生活，奋斗是为了有一个好的未来。具体来讲，按照一位学者的分类，学生面临的压力可分为经济上的压力、来自父母的压力、来自同伴的竞争压力和自我施加的压力。我们讨论的学习上的直接压力，我认为主要包括和同学竞争的压力和自我施加的压力。这种我们最常有的压力一般在自己的成绩与父母的期待，或者自己的愿望相差甚远或者相比身边的同学差太多的时候产生，绝大多数同学压力最大的时候当然是高三的时候，毕竟这算是人生中比较关键的一步。

高中阶段我感觉压力最大的时候是高二的暑假。参加过化学竞赛的同学都知道全国初赛是在九月的第二个星期天，所以那个暑假是最关键的备考时期。那时心里挺没底的，虽然完全相信包括我们化学组在内的每个同学都有获得一等奖的实力，但是谁又能否认考试具有很大的偶然性呢？要是考试失利，我们可能就得重新拾起已经放下了一个学期的其他各科，之前的那么多的课上课下的花在竞赛上的经历将没有一点的回报，而且在备战高考时也会处于极为不利的境地。我们对此都很清楚，也都在尽力地多做几道题，多扫清一个以前没仔细研究的知识点，压力一天天增大。对待压力，虽然很多时候我们做不到化压力为动力，但是我们也不能放之任之。我们意识到了压力，说明我们其实对自己的状态很敏感，对自己有一个较为清晰的认识，于是，对待压力，也就成为了一个较为简单的生活问题而不是心理问题。

处理不好压力的一个影响可能会让人产生崩溃的感觉，从而对我们的学习工作产生极大的影响，甚至对生活的意义产生严重的怀疑，严重时甚至意志消沉。面对压力，我觉得最有效的方法是规律自己的作息，简化自己的生活，多参加一些体育活动，如果可以，和同学或者家长老师谈谈心。该做什么时做什么，不用过多地去设想可能的糟糕情景，那样只会让事情更糟糕。高中时最喜欢在足球场上尽情狂奔，享受足球这一奔放的运动带来的快乐，所有的学习压力在踢球的时候得到了完全的释放，卸掉了一身的压力之后，我们的大脑才能够继续平静有序地运转。我喜欢在精疲力竭的时候坐在足球场上，抬头望着天空。云卷云舒，都只是自然罢了，脑袋一片空白到忘记了任何的不快，剩下只是这样拼尽全力的感觉真好！当然减压的方式不限于此，大家可以周末享受一场电影啊，听听音乐啊，和同学聊天啊，只要能够卸掉压力，保持心情的愉快，增加对学习的热情，就是值得一试的。

足球场上的释放，是因为我们完全地放开了自己，完全地沉浸在这项运动带给我们的快乐当中，尽管累得跑不动了，但是对这项运动的热爱会让我们选择继续奔跑。我想说的是，当我们以十分的专注做一件事情的时候，我们所得到的收获肯定会比我们漫不经心地不去做这件事情的收获要大。专注，我们才能将自己的各方面才能都调动起来，才能尽量地发掘我们的潜能，才能让我们获得成长。导致失败的原因往往不是我们不能胜任这件事情，而是我们的态度原因，使我们没有专注地完成这项任务。

专注，走向成功

高一的时候竞赛内容和高考内容的学习都很不理想，两头成绩都差得让人自信全无。那时真是既无自信又没法改变，想要兼顾两方面但是实际上却从没有做好。在认识到自己到底是个什么水平后，我倒是有了单纯的一个想法，高一下学期的时候专心地搞好高考内容的学习，如果期中期末考试还是这样的成绩，我想我搞竞赛也不会安心；然后如果这学期做得不错，再在高二的时候专注地搞竞赛内容，而且在我专心地想在一个方面有所提高时，我会暂时放下其他的事情，集中有限的精力来做好我要做好的这件事情。后来的发展感觉就在我的意料之中，所以我认为专心地做一件事的时候就会竭尽全力去做好。

我们需要专注，心无旁骛，为着自己的目标努力。专心地玩，专心地学，事半功倍，既玩到了也学到了，而且还相辅相成，使自己更加积极乐观。想要同时做好很多事情的结果往往是一事无成，而专注地做一件事情或者两件事情，集中精力思考、领悟，才是我们真正应该采取的方式。

在这里我愿意强调保持良好的心态的必要性。心态可以说是我们怎么从内心去看待、去接纳我们周围的外在事物的方法，包含了我们为人处世的态度。好的心态能够让我们在人生道路上走得更加平稳，我们应当多磨练自己的心境达到那样一种心态。胜不骄，败不馁；得之淡然，失之坦然；让每一分钟的自己都是乐观向上、积极快乐的；在挫折面前镇定自若，甚至于泰山崩于前仍然气定神闲。这样的我们，有理由相信，没有什么可以阻挡我们前进的脚步。心态的作用也许不是立竿见影的，但不可否认的是，如果你不能够豪爽地卸下自己过去的包袱，为过去的种种自责，在各种痛苦、自卑中无法自拔，你怎么会看到那一丝丝来自未来的光亮？如果你总是不能看到自己的真实水平，洞悉自己的长处和短板，总是苛求自己试图在各个方面都做到完美，你当然终将迎来失落，也许继而在痛苦和抑郁中度过余生。

正是由于这样的积极心态，高一下学期我一直在努力地实现提高成绩这一个单纯的目标。当我把这件事情真正地放在了我的心中，并且能够经常地想起时，我发现我要做的事情其实不是我以前想象中的那么困难。我可以做到！当达到甚至超过自己当初设定的目标时，一种成就感油然而生，这种感觉是最美妙的。所以高一下学期的时候我的成绩相比前一学期有了大幅度的提高，期中进入年级前五十名，期末继续努力，进入了年级前二十名。这极大地鼓舞了我的信心，也让我明白了默默地奋斗未尝不是一件快乐的事情！只要不放弃，就有希望，每份坚持都是值得的！虽然我在班上的成绩最多只能算是中上，但是我的坚持让我在进入大学这一竞争中取得了令自己满意的结果。所以，敢于面对挫折，敢于坚持也是我们应有的良好心态。

良好的心态不是在遭遇挫折的时候无限制地放松对自己的要求，而是由于良好的心态而能够站起来，更有状态地继续奋斗。良好的心态也不是因为任何的所谓成功而沾沾自喜，而是能够淡然处之，能够一次次地轻装上阵，在新的起点上继续新的征程。

我还想说的就是在集体中成长要学会处理好人际关系。我们是拥有超过沟通交流技巧的群居高级动物，和他人的交流也是我们的生活的一部分，学会处理人际关系，善于和他人沟通，拥有宽广的胸怀，能够为他人着想，赢得他人的尊重和好感是我们应有的良好品质。

学习上一直认真地跟着老师走下去一定是没有问题的，高中的内容就那么多，老师的经验那么丰富，我们做了那么多的题，复习了那么多遍，研究得那么仔细，又经历了考试的千锤百炼，前面即使是考得差了只要高考考好了也就一笔勾销了，前面要是考得不错，状态神勇更不消说，何惧最后一次的决定性考试呢？况且，在我们三年的高中生活中，老师一直是我们的良师益友，在黄高最让我觉得受益的不是舒适的寝室条件，而是这里敬业爱业有问必答的老师，是能够帮助我们解决学习中的任何的疑虑的老师。何谓师者，传道授业解惑也。

在文章快要结束的时候，我更想客观地说说黄高的生活，我觉得黄高在各方面都做得很不错。从硬件到软件，宽敞明亮的教室到诲人不倦的好老师，从大气美丽的校园到各种黄冈中学教辅书，从食堂到体育场、到桌椅都是令人满意的！但是，我们能够取得多大的进步，更多的是取决于我们自己，我们的努力程度、我们是否那么地渴望进步。在我因为自己无法做出一番大的事业而感到气馁的时候，我会很自然地就想到那句早已在我的心中生根的话："黄高人可以平凡，但不可以平庸。"于是作为一名黄高人，我像是找到了自己的一个人生的信条，我平凡又如何，我还是那时那个优秀的我，我坚持拒绝平庸！

也许黄高对她的每个学生的影响都不相同，我们都在青春的时候经过这里，从这里走向了灿烂的人生。这里给我们留下的印记，可能是一点关于友情的理解，可能是关于人格发展的启示，可能是人生观价值观的养成……这些印记，是我们的共同符号，联系着我们，给我们一个共同的称号——黄高人。

点评：

王伟同学是一位坚强、执着、勤奋的好学生，在化学竞赛中他从不放弃，坚信一分耕耘一分收获，不断努力，一直坚持到最后，获全国化学竞赛一等奖而保送北大。他数学也学得非常好，我经常叫他在化学小组里交流学习数学的经验。他家里条件不算好，但他从不抱怨。王伟同学心地善良，尊敬师长，热心助人。他爱好广泛，热爱体育运动，喜欢踢足球、打乒乓球，课余时间，运动场上总能见到他的身影。真心祝愿王伟同学学业有成！前程似锦！

——杜五洲老师

穿过时间去看你

文/陈瑛

姓　　名：陈瑛
录取院校：中国人民大学 2011 级信息学院
爱　　好：喜欢打排球、平面设计、游泳，喜欢与人交流
座 右 铭："养学养心，成功成仁"。
获奖情况：2010 年全国高中学生化学竞赛湖北赛区省级一等奖
　　　　　2010 年全国高中生数学联合竞赛二等奖
　　　　　第 27 届全国中学生物理竞赛湖北省二等奖
　　　　　黄冈中学第 22 届校园文化节书法类、绘画类二等奖
　　　　　黄冈中学田径运动会 200 米赛跑项目、400 米接力赛项目比赛年级第二名
　　　　　黄冈中学"校俱杯"排球比赛第二名
　　　　　黄冈中学优秀学生干部

我相信，每个人心中都曾幻想过许多个自己，这些影像中，定有一个叱咤风云、纵横捭阖，一个温润儒雅、波澜不惊，一个享受鲜花与掌声的喝彩，一个追求品行与内心的安然。想归想，但命运终究不是已经写就在纸上的不变的程式，也正是因为命运的不可知，才有了无数前人拼搏的传奇，有了多彩人生的不同解读。

我常在想，如果能穿过时间去遇见另一个年龄的自己，那将会是怎样一幅场景。我们会发生怎样的对白，我又会有什么感慨？是我会对她说，"成为你是我的骄傲"，还是她告诉我，"倘若重来，我定不留遗憾"？但不管怎样，生命没有重来的机会——这是毋庸置疑的——所以如果要做，就一定要做最好的自己。

——写在前面的话

转眼我已经在大学里度过两轮春秋，现在的我，在两年前我梦中的校园里，同无数优秀的同伴一起，为自己的未来奋斗着。再回首高中三年的岁月，留在心底的已不再是当年领先于千军万马闯过高考独木桥的侥幸与兴奋，而是历经时间的打磨后沉淀下来的另一番感受。若是要让我对学弟学妹们分享一点经验体会，我觉得还是有一些话可以说的。

一、定位高考

我之所以会把这一点放在第一位，是因为对于高考的定位着实不好把握。很多人面对它时都会有种紧张的情绪，严重者想到高考就会整夜睡不着。为什么？是因为在心里把高考看得太重。对于大多数学生来说，父母在学习上灌输得最多的思想，大概就是"唯分数论"吧。的确，哪一位家长不希望自己的孩子能够出人头地呢？只是有时急功近利的思想灌输得多了，我们就会在不自觉中拔高一些事情的重要性。就好像，高考考砸了，与重点大学无缘，人生大概也就毫无精彩可言了……诸如此类的种种错误的想法。但是，我们要明白，人生不会只有这么一种可能。高考只是我们前进路上必经的一道坎儿，过得容易与过得艰难，若干年后回过头来看，都不过是人生路上特别的点缀而已。

退一万步讲，就算是高考的失败者，照样也有活得精彩的例子。譬如求职节目里的很多来自普通大学的毕业生，他们当中有的照样能受到众多 boss 的青睐，拿到让名牌大学生都羡慕的工作；执信中学那个放弃高考开网店的小姑娘，在同龄人都在上大学时就已达成年收入二十多万……这样的例子比比皆是，它告诉我们，高考的成功不是最后的成功，高考的失败也不是最后的失败。谁笑到最后，谁才是赢家。不论是谁，我们都有机会在后面的人生里摘取胜利之果。

话说回来，我们当中的绝大多数都是要走高考这条路的，高考于我们，其实是数十载生命里，被安插在十八岁成人礼那年上天的馈赠，三年磨一剑，不论结果，赢得了过程的人总能在许久之后，对这段心无旁骛地单纯地为自己拼搏的时光感到念念不忘。

我们总说"高考不能决定你，只能影响你"，这话不假，但我们同样要知道，高考是人生里最公平的考试了。在这里，想改写人生，我们完全可以凭借自己的努力上大学，而不用担心贫富差距造成的不公。对于多数家庭而言，高考的确是改变这个家庭的希望，对待高考，我们的心态绝对要放平稳。追求的过程中全力以赴，那么对待结果也能轻松坦然，结果如何，在三年的积累里大概就能了然于心了。

二、看清自我

准确的自我定位，大概是能避免盲目努力的最重要的东西了。一个人对于自我的评判，是其世界观、价值观及个人能力的外化，也会影响其决定的做出，从而影响人生的轨迹。记得在高中刚开学的一次班会上，班主任杨老师给我们提到的"五自"——"自尊、自信、自律、自知、自强"——至今让我记忆犹新，曾一度成为我的座右铭，贴在桌子上每天看上无数遍。其中的"自知"，是我一直很看重的东西。"自"是自我，"知"是认知，两个字拼在一起读的时候有种直达内心的力量，似乎有一束光洞彻心扉，穿透雾霾，让自己慢慢看清自己的内在本质。哲学上关于人的三大终极问题之一就是"我是谁"，同样说明了自我认知的重要性。自知，映射到高中时代，是对自身实力和自我理想的一个评判。

其二是"我的位置在哪里"，这个问题需时常问问自己。分析自己的实力，你将自己放在什么位置？肤浅一点，从排名上看，是年级前 20 名还是 200 名抑或更多？静下心来算一算，也不至于会让自己在发挥失常时妄自菲薄，或因考得太好而狂妄自大。高中时代有一阵我因为自我定位的偏差，成绩经常不稳定，后来在老师家长同学多方面的协助下才调整好状态，慢慢稳定下来，这之中涉及到如何调整心态，都是后话了。三年的马拉松旅程，也不知道途经了多少这样的胜败，当时觉得惨不忍睹的考试成绩，回首看时也都成了人生路上特别的风景。

其三是"我的目标在哪里"，独处的时候多问问自己，在心底留一个答案，不要太高，也不要太低，努力够一够能达到就行。不是不鼓励所有人都去向往清华北大，也不是让大家只要有大学上就高呼万岁，只是期望所有人都能抛开虚荣的"面子"，找到自己的准确定位，然后带上野心和恒心出发。以我为例，中国人民大学是我在日趋稳定的高二后一直放在心里的理想学府，因为向往，我会在平时给自己定下一个一个的小目标去努力接近理想中的自己。高三开始的时候，我拿了一个新的小本子来记录每一次的单科和联考的成绩，偶尔也会写下自我分析的话语，这样就能看到自己近段时间各科状态的起伏和下一阶段精力分配的重点。"呀，这次联考我比重点线高了90多分，应该刚好到人大的录取分数线吧，下次还要努力……""最近数学真的好差，要加强""考得不错，相信自己是有实力的！"这样一次次的分析与鼓励，时间久了，真的发现自己在一点点地进步。所以说拥有一个好的目标，是能长时间激励你前行的动力。

"我为什么要学习"，或者"学习之后我想干什么"，也需要问问自己。诚然，每个人都会有自己的理由，有人是为了让父母高兴，有的人是为了回馈社会回报国家。记得高中的一次班会上，班主任引导我们思考过这个问题，当时的我大有"穷则独善其身，达则兼济天下"的想法，有了这些思想做铺垫之后心情就好了许多，考试什么的也都成了浮云，只要自己知道前进是为了什么，当下所受的一切苦都能心甘情愿。一个努力的理由，会让你在三年的过程中哪怕偶尔消沉也不会消极，偶尔满足而不至于狂妄，不因高考日期的接近而日益焦虑，也不会因平时名次的浮沉而困惑不已。

三、故事中的人

我的故事？这似乎要从中考后那个炎热的七月说起。

当那时的我还沉浸在每天睡到日晒三竿后的闲适里无法自拔时，7月13日，一封高中录取通知书不请自来。用两天后实验班选拔性集训开课的消息，把措不及防的我推入了高中的门槛。

初入学校的我，对这所百年学府有着好奇而谨慎的思量，和略带野心的期待。当时高中的生活在我的脑海里大抵也只能拼凑出"炎热夏天里的吊扇"、"书山题海"、"竞争激烈"这样几个模糊的字眼，至于它的庐山真面目是什么样子，我猜不出，也懒得去猜了，因为更重要的事摆在我的面前，那就是未来45天的暑期集训将直接决定我能否被分入实验班。

集训就这么伴着熟悉校园的过程开始了，茶余饭后，和同学谈笑风生之后，感慨老师讲课激情澎湃意气风发之余，心里也没有忘记来到这里的目的。所以在一个月之后，当老师们出的卷子已经难到让全班考二三十分的一大片，部分同学开始懈怠之时，我还谨小慎微地保持着最初的状态。虽然不清楚自己究竟有多大的胜算，但是终日这样一点一滴积累下来，也让我的心里慢慢有了几分把握。

一个多月之后，没有悬念地收到了实验班录取通知书，高中生活正式开始。

这时的我，在实验班学号靠前，开始有点茫然了。似乎是刚实现一个目标后，暂时没有新动力的懈怠。然而真正的角逐才刚刚开始，而我相比于他们，仅从备战状态上看，就已差得太远。

第一次期中考试，滑到年级两百多名，像是当头一棒又似乎也在情理之中。我在心里说没关系只是题目不适应，没发挥好……数学考得稀烂，物理也低空飞过，语文和英语一点优势也没有，我安慰自己临场发挥差，计算失误多，可以理解……可是在心底连自己也不信，心底有一个声音告诉我，这绝对不是偶然差错，一切偶然都有原因，有问题，就要改。

但问题究竟出在哪里，学习态度还是学习方法还是真的是所谓的"考试状态"？如果我自己都不能说上来的话，没有人能给我答案。困惑的时候，我会找同班的和其他班的成绩好的朋友来谈天解惑，也寻求过老师和高年级同学的帮助，我所努力做的这些有多大的帮助我不知道，但是我很清楚寻求他人的帮助只是为了能让自己早一点看见自己的问题之所在，而这个答案，绝对不应是我的天资有问题。

后来是期末考试，心态摆得很好，杀回了年级前20，才有了点自信。现在回想起来，考试的分数能说明什么问题？更何况是一次考试。如果碰巧出题老师的出题习惯不合自己的胃口，做起来不顺手，或者考试的时候脑袋发晕犯了低级的错误，这些都有可能，其实只要所错的不是实力方面的问题，一切都好改。

后来的事情都慢慢顺利了，高二后搬出了学生寝室，独处的时间增多了，留给自己思考的时间也多了。学习、思考，一切都保持着清醒的状态，自己也能感受到自己的进步，这种感觉很好。这一年我随大流报名参加了各种校级省级国家级学科竞赛，虽然只是抱着试一试的心态，却拿到了比预料要好得多的结果，数理化生都有获奖，其中数学的国家二等奖让我在高考时有同等条件优先录取的资格。算来我获得的奖项似乎是班上同学中最多的，也让我对自己的潜力暗暗惊讶了一把。

再然后，上高三了，记忆有点模糊，只是感觉没有传说中说的那么恐怖，一切都紧凑平凡得跟过去的无数个日子一样。每晚十点半睡，早上六点半起，争分夺秒地按时完成老师布置的任务，晚自习和同桌一起去操场跑步，有时周末心血来潮还会去打打球。有空的时候，整理错题本，做做英语词汇辨析，翻翻作文素材集，或者偶尔做一套理综卷子找找题感。到高三后期，感觉自己所有该掌握的都已经掌握好了，每天的任务就是在老师的带领下查漏补缺，以及保持应试状态。日子过得不紧不慢，转眼到了六月，我走进了考场，出来告诉老妈，题目很平稳，应该没有大问题。

再然后，收到了人大的录取通知书，也算是圆了一个梦。

四、回归

所有的付出都会有结果，不管最后有没有体现在高考的成绩上。我们所得到的，远远要比一纸大学录取通知书要重要得多。

比如，深厚的同窗之情。历经高中三年一路走来的竞争对手，最后都会成为彼此打气互相支持的战友。以及在毕业后的很多年，照常能保持着很好的关系，偶尔一个电话就能把彼此的距离拉回到温馨的高中时代。相比于大学目的性强的社交式交友和复杂的人际关系，高中的友谊更单纯朴素，更能给人以感动。

又比如，一起拼搏的死党。高中三年很多努力学习的细节早已记不太清，但我会深刻地记得和众多好友谈论人生时彼此交换思想的情形，记得和几个死党"一起考到北京去看升旗"的梦想，记得和同桌的姑娘互相打气彼此鼓励一起考人大，记得晚自习课间和她一起溜出去买零食，在操场上跑圈，也记得我们对着天空大吼"天上天下，唯我独尊"来排解压力。高考出分的那天，家里的电脑抽风连不上网，是她帮我查的分，662，我很开心，因为去人大应该没问题，又问了她的，682，也为她开心，因为我们可以一起去北京看升旗了。后来她去了北大，我来了人大，空闲的时候会约出来一起看电影剪头发，彼此是很要好的闺蜜。

再比如，一段值得回忆的朦胧的感情。有过喜欢的男孩子，只是单纯的好感，偶尔说上话就会很开心，没有别的愿望。高中所在的实验班课业比较重，其他的事都只能先放下，再后来，和他成了一起为高考奋斗的好战友，也只是好战友而已，毕业后我们各自去了理想中的大学，也算都圆了梦。但就如歌词里唱的"而我已经分不清，你是友情，还是错过的爱情"，时光匆匆流走，改变了很多东西，但有些珍贵的回忆还是会永远留在心间。

还有教育过我、帮助过我、为我解惑的好老师们，在我学习上出现瓶颈，情绪上出现低谷时，像大朋友一样与我交流沟通，安慰鼓励我；还有在校外陪读时，隔壁的关心我心理状况的叔叔阿姨，他们家的女儿保送了，要搬离陪读楼，走之前叔叔还特地来学校送了我一套辅导书，还有许多鼓励的话语，当时深受感动；还有和蔼的房东婆婆……许许多多珍贵的东西，回忆起来一时说不完。抛去高考回归生活时，我们总会有各式各样的美好回忆。其实最后大家去了哪里都不重要了，重要的是我们曾经一起走过，曾在一段重要的生命历程中陪伴过彼此，这样的回忆在很久后回想起来，照样能够如数家珍。

写在后面的话

穿过时间往后看，当时的我，有着和现在完全不同的境遇，但遇到困难能慢慢尝试寻求解决问题的方法。穿过时间往前看，我无法预言三年后的我在何方，但我希望未来的她回过头来看我时，一样会感谢当年那个努力的自己。

人生贵在领悟，同样的经历不同时期回头看都会有不一样的感觉。以下是我高三毕业后总结的几点经验：

- 要有冲刺梦想的野心，相信自己能成功是第一步；
- 要有实现梦想的恒心，恒心源自明确的目标性；
- 坚持属于自己的正确的方向，没有方向的船，什么风都不会是顺风；
- 不要怕走弯路，怕就怕不知道自己在走弯路或知道这是弯路却还在继续往下走；
- 做的每件事都要有意义，要懂得合理安排时间；
- 一切力量源于内心，最大的敌人是自己。

不论最后结果如何，经历过都会是宝贵的财富，最后送大家一句我高三时一直奉为座右铭的话："养学养心，成功成仁。"相信自己，加油！

点评：

瑛者，美玉也。陈瑛同学，人如其名，就像一块美玉镶嵌在8班，时时焕发出她的光彩，格外地夺目耀眼。她综合素质强，多才多艺，思维敏捷，做事认真，既开朗活泼、乐观自信，又稳重大方、严谨踏实。"娴静如处子，灵动若脱兔"。上课听讲安安静静、认认真真，一手字写得工整而又秀气，一本笔记做得有序而又简要；下课后又是谈笑风生，顾盼神飞，开心而又快乐，可谓是放得开收得拢。学习和生活上的自信乐观来自她对自己的严格要求和修炼，学习重总结，生活重调节，是一个全面发展而又特长突出的女生，真心祝愿她在今后的学习和生活上越来越棒！

——杨开泰老师

回首来路,唯有怀念

文/孙思成

姓　　名:孙思成
录取院校:2011年高考以668分考入浙江大学工学实验班
爱　　好:游泳
座 右 铭:天才,百分之一是灵感,百分之九十九是汗水。但那百分之一的灵感是最重要的,甚至比那百分之九十九的汗水都要重要。
获奖情况:2010年全国高中生数学联合竞赛二等奖
　　　　　校级学习标兵

2013年的春节，外面下起了大雪，洁白的雪花更增添了一丝节日的浪漫。看着窗外的瑞雪，我不禁想起了5年前，2008年的那个冬季，也是下了好几场大雪，只是那时的我还远远来不及欣赏美妙的雪景，对未来的迷茫与无力感一直萦绕在我的心头。

还记得高一刚开学的时候，由于整个暑假都没有好好学习，所以在入学考试中名次很落后，是班里的四十多名。名次的落后使我每天都浑浑噩噩，上课不认真听讲，作业也马马虎虎应付。直到班主任有一天跟我说：你是班上的倒数二十名了。我才猛然惊醒，初中时学习良好的我，居然也到了倒数的这一天，我不能再这么下去，一定得取得好成绩证明自己。有了目标后我便铆足了劲地去学习，从期中考试进入班级前三十名，期末考试进入前二十名，到后来保持在班里前十名，年级前二十名，2011年高考以668分考入浙江大学，这与我有了目标是紧密相关的。没有目标之前，纵然会少很多压力，但也因此少了动力；有了目标之后，我会经常担心实现不了目标，承受压力，感到苦恼，甚至迷茫，但这反而是成功前的涅槃，是黎明前的黑暗。目标是一个人前进的方向，它可大可小。你想考入一所好的大学，是一种目标；下次考试前进多少名，同样也是一种目标。有的人目标远大，想要做一番利国利民的大事业，有的人目标小一些，只想过平凡快乐的生活。这些都是好的，都会让我们的生活积极向上。作为学生而言，认真学习并取得好成绩是我们的首要目标之一。有时我们会发现周围的一些同学，上课睡觉、玩手机、看小说，作业抄袭同学的，有一点空闲时间便去网吧打游戏。这些都是缺乏目标，缺乏进取心的表现。印度的苦行僧们能忍受各种磨难，就是因为他们一心想要达到心中的目标。目标是一种约束，使我们免于堕入享乐的深渊，而为美好的明天奋斗。在制定目标时，我们应适当将它定得高一点。一个想要攀登珠峰的人，纵使攀不上珠峰，往往也能达到常人难以达到的高度。我们的目标最好是自己努力蹦跶蹦跶就能达到的。

有了目标之后，我们需要的便是学习方法了。学习方法有很多很多，但就像我们经常谈到的"中国特色"这四个字一样，只有适合自己的方法才是好方法。有两种学习方法是普遍适用的。第一种是深刻的理解课本上定理的含义。作为一个理科生，光会背公式是明显不够的，一道题目拿出来，我们不光要知道怎么做，还要知道为什么这么做，最好是能在读完题目后马上就在脑海中勾勒出大致的解题思路。能达到这种程度，需要我们对课本知识有一种深刻的理解。理解了这些知识，我们就抓住了本，不管题目怎么变化，都能一下子找到重点，看清本质。我们常说某某人是伟大的战略家，用以形容这个人作战水平的高超，其实就是说他对战争有了一个很高的理解，能抓住战场形势的本质，从而不管环境怎么变，他依旧能指挥得游刃有余。打仗是这样，学习也是如此。在学习知识时，我们应多问自己几个为什么，多深入思考公式的来源；勤动手，将书上公式亲手推导几遍，便可以很有效地掌握知识。很多学习好的同学可能有这种体会，一些数理化方面的知识，长时间不碰，过几个月后再看，反而更加明白了，就像是陈年的茅台酒一样，越放反而越醇香。这就是因为他们对这些知识有了一个很深入的理解和掌握，不论过了多久，还是如昨日刚学一般，有时候反而会随着时间的推移而加深对它们的理解。

相比较前一种方法，第二种方法就要"笨"得多。近些年来，由于一直提倡给中小学生减负,使得题海战术也饱受诟病。题海战术,作为一种极端行为,固然是不对的,但我们也不能陷入完全不做题的极端中去。古人云:读万卷书,行万里路。强调的是人要见多,才能识广。适当地做做题目(尤其是数理化方面的题目),利于我们更牢固地掌握知识,运用知识。通过这种方法,我们还能及时找到自己在学习过程中遗漏的知识点。此外,对于还没有发现适合自己的学习方法的同学来说,多做题也不失为一种好方法。记得在我读高三的时候,英语一直是我的短板,对此我很是苦恼,试用了很多方法,但成效始终不明显。后来我找来一套四级考试的模拟试卷,一本全英文的小说,在两个星期内,每天都坚持做 3 篇完形填空,阅读 20 页英语小说。半个月后的英语考试,成绩果然提高了十来分。大量的做题和阅读提高了我的语感,以至于我虽然不能清楚地知道某个单词的意思,也能通篇地读懂试卷上的文章。

　　有的人目标也有了,学习方法也很好,却依然很难取得好成绩,或者成绩总是波动,不稳定。这可能就是心态在作祟了。一个人若是在他胸怀大志的时候还能保持一颗平常心,这便不止是一个成功的人,他甚至还能成为伟大的人。2008 年的那个冬季我在迷茫中度过,那个时候我成绩落后,但心中有一个目标,每天都想着要证明自己。取得了成绩后我反而变得缩手缩脚,害怕失败了,这种畏首畏尾的心态很是不好。所以接下来的几次考试中都没取得好成绩。那天我去操场上踢球,风很大,还夹杂着些小雨,我在风里奋力地奔跑着,突然就想到,我一直以来的追求是多么的虚无。我们踢球,球进了的那一刻固然很兴奋,但抢球、传球、带球也是足球有意思的一部分。甚至整场球赛你连足球碰都没碰一下,但始终朝着球的那个方向奔跑，这不也是一种快乐吗？我一心想要证明自己，过分地看重成绩只会使自己变得虚荣、急躁、功利。学习的乐趣不只是取得成绩，金榜题名。在学习过程中，我们克服困难，发现不足，学习新知识，这些都是莫大的乐趣。范仲淹说：不以物喜，不以己悲。外物得失都不挂在心中。心向高山，不能只盯着高山，旅途的风景，脚下的道路，同样精彩。那次之后我放下了心中的重担，虽然我依然想要证明自己，但这已不是我的全部。过好每一天，和同学们处理好关系，认真学习知识，认真做好练习，这些都使我感到愉悦。生命本就是一个很沉重的东西，我们为何不过得轻松些？放下心中的那些重担，每天都过好，学会欣赏身边的美。

到了高三，各种心理问题更是会涌现出来，很多同学可能会失眠。这可能是一种很正常的现象，可以选择正确的方式缓解压力。比如说我们可以找老师、家长或者朋友谈谈心，把内心的压力说出来；在周末的时候适当地运动，将压力通过汗流出来；每天睡觉前看上几则有趣的笑话，将压力笑出来。有些同学另寻它法，通过喝一些中药来治疗失眠，也不失为一种方法。总之，失眠是一种正常的现象，我们不要因此有了心理压力，这样反而会陷入恶性循环。要相信，只要平时肯下工夫，知识掌握得扎实，最终一定会在高考中取得好的成绩。高考只是一次考试，它或许能决定你在哪儿上大学，但它决定不了你一生的成就。看淡高考，给自己减减压，那么高考时就能发挥正常水平，甚至有的人能超常发挥。

高考是一个系统工程，每个人都承受着各种各样的压力，每个人都有着他自己的苦恼。有的人会在考试前彻夜难眠，有的人会因为成绩下降潸然泪下，有的人可能因为青春期而躁动不安。但是，多年之后，我也许会说，高中的三年是我目前人生中最最怀念的时光，在那段岁月里，可以为了一个梦想去奋斗，可以坐在教室里埋头苦学，有着一群良师益友，所有的人，为了同一个目标，加油，努力。或许作为高中生的你会感到压抑，无聊，迷茫，难受，但是请一定珍惜这三年，这是一个孩子蜕变为成人的三年，成长正是需要这些痛苦作为材料。三年后的某一天的早晨，当你睁开眼，发现自己已不再是一个高中生的时候，给自己一个微笑，告诉自己：至少我奋斗过！

点评：

孙思成同学高中三年一直是8班的排头兵。他资质好，悟性强。肯吃苦钻研，能静下心来学习，善于调整和总结。高一期间当他感觉到自己掉队了后能够很快地调整自己的状态并快速追赶上来，并且在高二高三一直保持在年级的前十名。在学习上他敢于质疑，勇于探讨，善于交流，主动积极地与老师交换看法，愿意与同学们分享自己的喜悦和学习上的心得，本人也在团队交流合作中得到了提升。此外，他的善良友好也为他营造了一个良好的人际氛围，并且最终能够以较好的心态在考场中胜出。他尊敬师长，善待同学，真诚厚道，品质很好，真诚祝愿他学业有成，前程似锦！

——杨开泰老师

学在黄高,情在黄高

文/王与麟

姓　　名：王与麟
录取院校：2011 年高考以 669 分录入中国科技大学化学类专业
爱　　好：看书、打篮球
座 右 铭：我们都不是神的孩子,我们只是有梦的孩子。
获奖情况：2010 年全国高中生数学联合竞赛三等奖

其实到现在每当谈及高考两字之时，我的脑子里总会浮现那样一幅画面：某日上午，少年将从电脑中查获的分数报给家长后，父母欣然相拥、喜极而泣。

我以为我会哭，但是我没有。

不可否认的是，在黄冈中学的高中三年，着实地改变了我，也许是一生。

录在黄高

我忽地想起我是为什么去黄高上学的了。

初三那年的4月30日，当其他好学生都尝试着报名各个名校的预录考试时，我却对此无动于衷。当时的我由于对未来没什么看法，只是想平平淡淡地上完初中，考上本地的黄石二中，再考个大学，大抵如此罢了。班主任看不下去了，便向我妈推荐了去参加黄冈中学的预录考试。由于班主任本就是黄高毕业的，而且自称是最差的一类学生，于是我妈也就同拉了两个同学的家长，准备一同前往。

于是5月1日凌晨4点不到，仍在沉睡中的我就这样被拖去了黄冈，参加了那次预录考试。

于是考完回来也没把它当回事，也没有事发生。

直到平平常常地考完中考的那天下午回到家，妈妈把我拉到房间，给我看了通知书，我才明白，原来我早就被录取了。

但我是不想去的，毕竟突然叫你去另一个城市生活三年谁也不能欣然答应吧。

妈妈说服我先去学校看看，我也答应，到了新校区转了一圈后就跟妈妈说：这学校，我上了。原因无二，崭新的八对篮球架摆在那儿，好吧，其实我是被篮球场拐来的。

就这样，我便来到了黄冈，体验三年的黄高生活。

活在黄高

来到大学一年多，你要问我对高中感触最深的是什么，我的回答是：宿舍真是好啊！

发自内心的，黄高宿舍条件真是好。自带洗衣间卫生间，限电不限水，夏天有空调，一个寝室6个人不多不少，每人分配衣柜——所有的一切一学期只要200多块钱！全国还有这么实惠的事吗？（学校每间寝室现在好像还装了热水器啊）

很多人对母校有着各种各样的抱怨，也许我这人天生比较随性吧，倒不觉得有什么糟糕。

食堂怕是我们去得最多的地方了吧，三层楼换着吃，实在想换口味校外就是一条街。有多少人至今仍对二楼的拉面念念不忘呢。下课了放学了就钻到商店去买水买零食，乒乓球台排球场篮球场足球场上也不乏热爱运动的少年矫健的身影，经常有同学打球直到伸手不见五指才不舍地离去。

每周六晚是我最喜欢的校园活动了——露天电影，不得不说，装了大屏幕后能给我们每周放一部电影真是视觉大餐呢！而且学校挑选的影片大多还是前不久上映的大片,即使是老片回顾也是《泰坦尼克号》那样的经典,犹记得放《泰坦尼克号》那一晚,整个广场弥漫着蓝色的空气,直叫人沉醉其中啊。

虽说学校远离市区,交通有些不方便,但也远离了尘嚣,多了份自在。在这样一个小天地里坐地论道、自成方圆,我想,这对学习恰是利大于弊吧。

学在黄高

说到学习,说到成绩,我的思绪倏地止住了。

也许,在高中时,谈到聪明的同学,可能有人提及我,可谈及成绩好的同学,呵,大抵这个词长久与我绝缘吧。

我的高中三年,在成绩上看,是一幕和着泪的幽默剧。

但我也从来不为这自卑或者烦恼什么,我总认为一名学生的学习水平仅凭成绩是肯定不能完全反映出来的,你可以把这理解为借口,也可以说是自信。

现在看来,我的轨迹确实对上了我在高一下学期期中总结时写的那句话:

我要一步一步往上爬

在最高点乘着叶片往前飞

小小的天流过的泪和汗

总有一天我有属于我的天

高一进班我是 62 号，要知道班上总共 65 个人呢，说白了就是以倒数第四的成绩进入的高考实验班。说实话，我从未把它当回事，也没有必要当回事嘛。

我一向觉得过去的就已经过去了，你只须总结教训昂首向前。

当时的我们除了普通的数理化生政史地外还有两门课是我蛮感兴趣的：工程制图和美术鉴赏。学校开这两门课，即使只有一学期，我认为也是大有裨益的，不止在于让我们在学习生活中得以放松，还在于开阔了视野，也是另一层次的学习吧。

志愿者活动也是我高一高二时参与的重要活动之一，甚至到了大学还发现高中的志愿者活动举办得更纯粹落实得更实际。我们或者帮忙清洁桌面，或者进班宣传地震常识，或者进行爱心捐款带去孤儿院敬老院等等，这些活动确实大大激发了我自我奉献的决心和助人为乐后的成就感。但需要提醒的是，不论是学生会还是志愿者，最好在你完成日常学习的基础上，学有余力再去做。其实当时的我在成绩上一直没有起色，在自己的预期上也达不到满意的地步，却还是义无反顾地做那些活动，有失必有得，至少，我是不后悔的。

虽然我们这个班理论上讲已经是理科班了，高一时的政史地还是要上的。我对它们也还算上心，还记得一次政治课上老师问我一个问题，我的回答让她十分满意，夸奖道：要是马克思听到你的回答他也会笑出花来的。这句称赞让我一直觉得我要是读文科肯定也不差的。

高二开学那天我忽然意识到我来黄高三年最后是得参加高考的，所以得提前做点什么，于是就抱着本现代汉语词典，就开始从头翻起来，把每一个我觉得自己会读错会写错的字词，理解错误的成语熟语专门誊写在另一个本子上，1800页，我一直翻到了高三寒假。直到现在我还感激自己当初这一疯狂的举动，我对高考语文字词特别自信也来源于此吧。

能让人松口气的是学校还是有不少课余活动的，篮球赛、运动会、演讲比赛、跳蚤市场、元旦晚会，而我也皆有参与。就放在现在回忆的话，我不会想起每一个周末的晚上在教室做题的场景，却能记得篮球赛场上竭尽全力得分的画面，运动会上接过接力棒狂奔的画面，演讲比赛上临场编词的画面，跳蚤市场上跟买家讨价还价的画面，元旦晚会上演自己创作的小品不亦乐乎的画面，我不会忘记。

人到高三，就是一次飞跃。

每个人都应该认真经历一次高三，体验一把年少拼搏的滋味。

一进入高三，我便先冷静下来，看清现状，做出规划，落实执行。

一旦进入执行的节奏，剩下的就是总结、修正、再执行。

语文

这是一门重积累的学科，从考纲出发，我分为三部分来复习。

第一，课本，高考中涉及课本的就是字词和古诗文。扫读所有课本的每一课，提炼出值得注意的字词，字典里的可能生僻不需掌握，可课本上是必须牢记的。精读每一篇文言文，把握重点字词的释义和整体的翻译，背诵要求背诵的片段。第二，练习，不可避免地会做一些练习，我认为在古诗词鉴赏和阅读上是有所总结的。古诗词鉴赏和阅读的题型大抵不过几种，分题型就参考答案进行总结，提炼一些常用关键字如豪放洒脱、苍凉悲壮等，甚至可以自行总结一些答题模板，不过切忌死套，要见题分析。第三，课外阅读，保证阅读量，提高知识储备。文贵创新，多用自己的语言去总结一些常用片段，常见现象，避开滥用例子，多准备新颖的适合自己的事例。

每天早自习晚自习前读读课本，有零碎时间做做小题，有时间多做阅读，也可以写写周记练练手。语文，需要一步一步地掌握它。

数学

它不需要背什么考点，要的是你对每个考点的理解。

理解深了，水到渠成。

数学很清晰地分为几个模块，立体几何、解析几何、概率等等，自己要有一个大概的感觉，哪是你的薄弱块，哪是你的强项。

我建议，在一二轮复习时，先看一遍课本，可能课本的难度确实不是很够，但你需要保证课本上每一个模块最基本的方法你得会。

然后可以找一些同一类型的题目做做，领会总体方法，体会不同题目的不同点。

提纲挈领地掌握好所有考点的常见做法，你的分数就已经不差了。

我想提醒一点的是题源的选择，不是什么题都适合做的。例如，我们的数学是湖北省自主命题，从考试难度上看比全国卷难，所以在试卷的选择上，我认为一份湖北中学的模拟卷甚至比其他省的考试卷更有价值。由于湖北省是语数外自主命题，所以这三门我选择了《湖北高考》试卷，里面收录了几十份去年各中学的模拟卷，而很少去做全国各地的高考题。

英语

一说到英语就不得不提到语感这个词，有些人也许对此不屑一顾，但想到有些人不怎么学也可以考得很好，你也不得不承认它的存在。

确实如此，在高考前的一个月，我的英语也许真的到了那种境界，信手拈来，做完就有全对的感觉，那是一种很爽的感觉。

有的人说多听听力好，有的人说多做题好，我也不偏袒，但一定量的阅读是要保证的，不是有句老话叫"三天不练手生"嘛。

一个建议：平时在做完形填空和阅读理解时不要边做边查字典，甚至做完后也尽量少查。为什么呢，要在平时培养一种习惯——这些词认不认识，又不影响我做题，有什么关系。一旦恋上查字典，容易给自己这样一种暗示——怎么办，这个词不会，这题做不了了。所以呢，即使要查，也是那些真的影响做题的关键性的形容词动词，名字你都可以完全忽视，一律当肯德基替代就好。

一个捷径：背几个万能句子或较高级较复杂的词组，最好是总起句连接句总结句这些百搭的，不仅会给你的作文增色不少，还会节约你的构思时间，不是么？

物理

这门课是我永远的伤，高考错了两道大题。

其实心理暗示对一个人的影响是很深的。我的高中物理第一次考试就考得不佳，虽然中考物理是满分，但似乎我就给自己下了一个定义，我学不好物理。尽管我花了一个高三来给自己长信心，但结果似乎还是没怎么改变。

但是你要相信自己的真实实力。物理这学科就是你会就是会，不会就是不会。

弄清物理现象的内在本质是关键。

物理也是分模块的：力学，热学，电学，磁学等等。同样，数学的方法也可以移用到物理上来。

从某种角度上说，我觉得物理是需要刷题的。它有着纲领性的几个重要的大定理公式，但你得多做题去感觉它的用处和用法。

其实，做题做试卷是一回事，我更看重的是改错总结的过程。不知你认可与否，我的高三一直都在总结，而总结与反思恰恰是你升华的过程。

化学

对于这门我今后还要研究下去的学科，只想说，高中内容都是基础啊……

高中化学的知识点比较杂，需要平时多下工夫去记忆一些重要物质的性质和相关的规律。

化学方程式是化学变化在物质变化上直观的表现，相关计算也离不开它，所以一个个的化学方程式就是一个个的突破口。

与化学计算相对的是化学实验，所以需要背诵一些常用常考化学操作的文字叙述，一些常见化学实验的实验现象，力求用词准确具体。

生物

生物的知识点比较散，散布在每一本书中，所以要勤看课本。

我们老师让我们给每一个章节绘出一部网络出来，起初倒不觉得什么，复习时再拿出来一看，照网络的条理把知识点一理，确实清晰不少，这个方法也值得推荐。

课本上的知识点是有限的，倘若你分配好时间，每天记住几个，再加以重复，应用于题目中加深印象，高考时不是手到擒来么。

理综

这里只想提及一下答题的顺序问题。

首先，正常的答题顺序肯定没问题。

有的同学喜欢先做一门再把另一门全部做完，这种做法呢，如果你多次尝到甜头也感到满意，不妨坚持下去。

记得一位老师说过，理综顺序做成这样，一定是因为这种顺序更加科学，有利于考生思维的活跃。不乏一定道理。

当然，在时间不够的情况下，放弃物理最后一题最后一问去做生物的小填空当然是可以的而且效果更佳，如果你在一道题上耽误5分钟以上且毫无头绪时，先做下一题吧，在确保做完的情况下再思考此题。

说了这么多，还是可以看出，高考是一个厚积薄发的过程，不存在什么绝对的钻空当的机会。

其实高中三年，我的平时成绩始终没有拔尖，甚至在六月初的适应性考试中尴尬地考了年级308名（正好对应我的班级308班），期间我也曾沮丧过，甚至失望过，但我始终没有放弃，我知道是金子一定会发光的，只要锥子磨得够锋利是一定能戳破袋子的，坚持照自己的方法来，走自己的路，是一定能到达成功的终点的。

情在黄高

在大学总有人问我来自哪所高中，当黄冈中学脱口而出时，得到的大多是善意的埋怨："嘿，你们学校把我害惨了，那么多试卷！"

对于那些传言与事实，我只是笑笑。

在我的记忆中哪里有那些所谓的如山的试卷呢，有的只是那座开阔的校园和与我一路同行走在校园中的同学。

想一想，三年同窗一起为一个目标而日夜奋斗的日子已经一去不复返了。

还记得在寝室每次拉遨游梦境的你起床的人吗？还记得在教室每次和睡眼朦胧的你背课文早读的人吗？还记得在食堂每次和饥肠辘辘的你一起打饭的人吗？还记得在球场每次和打兴奋剂的你争球的人吗？还记得在班上每次和面红耳赤的你论题的人吗？

我这样问着自己，想到的是拿起手中的电话，给远方的他们来一声问候。

是的，三年之后，转身看来，关于学习的最后就只凝练成了一串数字，当年的让自己失落了好久的一次小小的月考分数，早已失去了意义。

你只需记住一座城，一些人。

他们，才是你三年岁月换来的最大的财富。

点评：

　　王与麟同学阳光开朗，活泼风趣，有思想，有个性，有人缘，有集体荣誉感。学习上有恒心，有毅力，有天赋，理科方面的思维能力强。数学一直比较拔尖，高考也考了一百四十多分。语文和英语学科相对弱一些，刚进班时在班上六十多名，学习中有过迷茫，有过挫折，也有过泪水，但他从不放弃，坚持认真听课，坚持积累和感悟，勤于反思和总结，终于在高三下学期有了突破，特别是英语学科，稳定在125分以上，高考还考了一百四十多，语文也考了一百二十多分，成绩的取得来之不易，来自于他始终如一的勤奋和努力，来自于他的坚韧和自信。古语云：一分耕耘，一分收获。天道酬勤，是也。也正应了《圣经》上的那句话："流泪撒种的，必欢呼收割。那带种流泪出去的，必要欢欢乐乐地带禾捆回来。"

——杨开泰老师

黄高给了我什么

文/周祥

姓　　名：周祥
录取院系：2011年高考以713分（自主招生加40分）考入中国科学技术大学物理学院
座 右 铭：重为轻根。
爱　　好：读点书
获奖情况：全国高中化学竞赛湖北赛区省级一等奖
　　　　　全国高中物理竞赛湖北赛区省级二等奖

当我正坐在图书馆的高楼,望着各处教学楼一片灯火辉煌,望着窗外联结如网的雨丝,望着橘黄路灯背后黢黑的树影,而终于在心中写下这样一个题目的时候,我陡然地发现,黄高原来并没有随着这已经逝去的两年而在我的脑海里渐行渐远。那些早晨的教室里一天天的琅琅书声,那课间过道上一次次恣意的嬉戏打闹,那枕边的闲读,彻夜的长谈,以及那些无数个奋笔疾书的黑夜和白天,却因为久久的远离而显得愈发亲切,愈发明晰了。他们仿佛已经成为了我的背景,而我则被这些背景推到了前台,上演着悲剧和喜剧。我同样深知,当我转身的时候,他们仍然还在那里,已经化作我生命的一部分,而永远不可分离了。

当我拿起笔追随思绪的时候,我发现,似乎所有的记忆都是从那个夏日黄昏开始的。2008 年的暑假,我正式地入学了。第一次来到这么远的地方求学,面对着讲各种不同方言的同学,以及我从未感受过的整齐空旷而又气势恢宏的校园,一个从乡下中学走出来的新生感受到的只是巨大的震撼和无边的惆怅。有一个黄昏,我和一个初中的同学默默地走上了长江大桥——这也是我第一次这么近距离地直视着长江。那时落日将近,天边挂上灿烂的红霞,两岸的江堤种上了繁密的泡桐树,在晚霞的映照下似乎是镀上了一层金黄。江水缓缓地流着,如一条绸缎,流泻着夕阳的余晖。我们走到了大桥中央,默默地伫立,时而有货船驶过发出低沉有力的鸣响。我怅望长江,看着江水从天边缓缓地流过来,似乎正象征着即将来临的三年时光,我的心中产生各种交杂的情绪。踏入黄高的兴奋,面对庞大未知的不安,以及对即将来临的挑战所感到的兴奋,都在那一个傍晚袭击了我,也彻底拉开了我在黄高的三年生活的序幕。

现在，当我向你讲述我的高中的时候，我无意去讲它有着怎样华丽的校园、先进的教学设备，或者如何优越的生活条件，我更愿意摘下它名校的光环，跟你说，生活在这里的人——老师和学生——是有着怎样的特质，怎样的执着和坚守，以及它们带给我怎样的潜移默化的影响，或者在所有走出黄高的学子身上，留下了怎样的印记。

周六的晚上

想要重新切入高中的生活并不是一件容易的事情，就像心中有着万千片段却不知道究竟从何处着笔。然而，一个个画面在我的脑海中像放电影一般的闪过时，我发现有一幅竟是格外的清晰，那就是曾经的无数个周六的晚上。

我们那时候每周六下午都有考试，考试之后就是放假的时间，然后直到周日的下午才收假。由于第二天早上不用早起，所以每次周六的晚上大可以痛快地玩一阵。我最熟悉的场景便是下午考试的时候我们经常会有一个人提前交试卷，然后偷偷地抱着一个球到操场上去，目的是为了能占到一个比较好的球场。我在高中的三年里，即使在最紧张的复习阶段，也没有感受到任何来自身体上的压力，应该说与这每周有规律的运动不无关系。那时候无论是冬季还是夏季，我们在球场上总要玩到天黑才回寝室。学校的食堂已经关门，所以只好很简单地解决晚餐，回寝室洗掉一身的臭汗，给父母打一通电话后，就去教室自习了。这也不要觉得奇怪，周六并不全是放松的时间，黄冈中学确实给了我们一个很自由的环境，但是至少在当下的大环境下，不抓学习却是绝对不可行的。刚刚进入这种节奏的时候，我也有许多不适应，因为我更喜欢呆在寝室翻翻散文小说。但是这其实是一个关乎觉悟的事情，我们可以选择生活得很漂亮，但同样可以选择生活得很充实。你可以说这样的生活方式太单调而缺乏情趣，但是充实自己这本身是不会错的，提高自己是永远不应该被怀疑的。我们的班主任杨老师说，高中三年的竞争到最后是每天晚自习的学习效率的竞争。到了现在，我也可以很有底气地说，那些晚上的自习是很值得的，也是让我如此怀念周六的重要原因。

我绝对无意于表明我自身是一个多么主动积极的学生，现在看来，当初的"勤奋"或许也是因为环境使然，每个周末都会留有许多作业，再加上班主任偶尔会来教室里溜达，这些无形之中的压力多少让我在校外闲逛时感到不自在。所以我推开来想，那些一届届的流传的许多"牛人"的事迹或许就有一些也是环境使然，所以大可不必感到某种不可超越感。无论如何传奇的前辈，也都是活生生的人，我并不认为他们就有着某种注定的不可超越性，而到了大学与他们中的一些开始接触之后，则更加深了我的这一看法。

当我开始习惯了周六自习的节奏，我突然发现这原来是一个很好的环境。晚上人不多，除去走读生放假回家以外，教室似乎总有二十来人。平日晚自习时不敢在教室里喧哗，到这会儿尽可以很随意，累了就可以随便找人聊点什么，甚至有时候教室进入了一种集体大讨论的状态，这些讨论往往都很有意思，或者是下午考试的一道题目，或者是哪个老师的笑话，反正显得教室里面气氛很和谐。而我更喜欢这种很随意的气氛，因为可以静静地完成老师布置的周记。

往往是九点钟以后吧，教室里的人陆续走光了。回到寝室，才真是另一个狂欢时节。由于班上仍以住读生为大多数，所以每次这个时候宿舍里特别热闹。我记得每个宿舍各司其职，有专下军棋的，有专下象棋的，更有连床打牌的，往往想玩啥就去相应的寝室，当真是花样繁多，竟似一个娱乐场了。

我们宿舍一个保留项目就是唱歌，我至今仍然不知道这事是怎样兴起来的，经常是大家都睡在床上了，总会有人带头轻声哼一曲，接着不断有人附和，我们便要求几个人轮流着唱。有时候发了兴，也不讲秩序了，成了一片大欢唱，这时候每个人具体唱的什么曲子，已经难以分辨了。久而久之，这演唱会似乎竟成了一个传统，而且在宿舍间颇负盛名，往往歌声传出去，引得隔壁宿舍隔墙对唱，我们为了在气势上压倒对方，已经不成曲调而开始吼了，如此一来，整个楼层便都回荡着歌声。

周六晚上的宿舍里面就是这样的情景，班主任大概是不知道的。但是我的感觉中一种理想的学习状态就是有序，所谓平淡是真，大概是不为了一次突击备考而复习至深夜，也不因为一次陡然兴起的狂欢而久久不能收心于正常的学习生活。我们讲一张一弛，是要把学习或者娱乐化为一种节奏，这种节奏就能带来一种秩序感，不会在玩的时候觉得是在"犯罪"，也不会在学习的时候觉得过于单调疲倦，我想这就是所谓"学得踏实，玩得痛快"的真谛了。当然，节奏是可以因时而调整的，就像在高三的紧张学习期间，这样的狂欢寻乐已经明显减少了，但是这种有序感却一直还在。

还有一个小插曲不得不提，由于我们那时普遍都没有手机，所以学校给每个宿舍里安了一部电话，以便和家里沟通。然而，不知道宿舍里是谁偷偷地弄到了班上女寝的电话号码，于是有很多个这样的晚上，我们真的打电话过去了，具体说了些什么，现在却是全然忘记了，只记得两边都不断地换着人聊，而且所涉及的范围甚广，每次竟持续了一个多小时。有时候宿舍里有谁过生日，很意外地能收到那边电话的祝福，那过生日的因此也不免被众人嘲弄一阵，但是内心恐怕是高兴或者感动的。因为即便是现在，我想起这些事情的时候，仍然感到无比的温馨。

洗完衣服之后往往就熄灯了，我们却仍然难以平静，唱歌兴尽了就聊天，总是讨论一些科学、社会和人生的事儿，几个人你一言我一语，若是碰到了对立的观点时总也难以说服对方，气氛反而更显热烈了。这样的环境下我们谁也不觉得倦怠，所以讨论经常持续到凌晨两点。古人有"连床夜话"，我们当时的情景大概正与之相仿。那会儿我们喜欢关心形而上的问题，关注社会的公平正义以及真善美。虽然都没有接触多少理论，一些观点或许显得肤浅，然而正是这种曾经占据我们无数次的睡眠时间的长谈，让我在重新回忆起它的时候，感到骄傲。

或许有人说这些都是中学生的青涩、单纯，或者求知欲，但是我却更愿意称之为"朴素"。现在我接触到来自全国各地的同学，偶尔回想起那些夜晚，温馨、骄傲，或者莞尔一笑之外，我更加地感到，这或许就是我们身为黄高人的特质？什么是朴素，大概就是真实而不矫揉造作，专注内心而不务浮华。培根说："美德好比宝石，它在朴素背景的衬托下更显华丽。"我想起来那个时候的我们没有这么多资讯，也没有那么多现实的忧虑，似乎是一举一动之间都在散发着朴实的光辉，一切都是自然而然的样子，一切行动也显得理所当然，我想这就是最朴素的状态，也因为如此，那些作为青少年所特有的美德便显得更为华丽，成为我记忆之中最精美的一部分。

教歌的经历

黄冈中学有很丰富的学生活动，这已经是广为外界所知了。我却一直记得一件小事，就是每周五傍晚的教歌。这个事情一直是由班干承担的，后来却把这件任务分配开了，每一个同学都会轮上一次。初始我还不觉，只觉得教歌是一件很惬意的事，岂能料想有一天文艺委员就突然打了我一个措手不及——没有任何征兆的，这件事居然轮到我了。我五音不全，平日里在寝室里偶尔也随着唱一曲，却自知这毕竟是不能上台面的，现在却要我公然展示歌喉，真是难煞了我。又因为实在不知道如何推脱这件事情，我只好硬着头皮"迎难而上"了。那会儿正高一，我还刚从一个乡里的初中走出来，哪里经过这样的阵势呢？只记得那一个星期里我时时如坐针毡、如临大敌，午休的时间要听歌，睡前的时间还是在听歌，直到后来我认为已经掌握了一首歌的所有微妙处的变化，才终于认可自己可以上台了。回思其情景之紧张，竟不亚于一次正规的考试。教歌的时候，我尽量地保持着同一个姿势，把心里面所有紧张不安的情绪藏在平缓的歌声底下，外在的竟是一种很平和的姿态，像一条表面很平缓的小溪。这样克服了最初的恐慌无措，突然地就像是进入了另一个天地，忘记了时间，也忘记了身在何处，只是顺势而恣意奔流，之前的一切不安和惶恐也都如烟雾消散了。

除去后来高三的一些考试，我现在很少进入那种如行云流水一般的状态了。那次教歌是到了晚自习时间才被迫中止，有同学跑过来对我赞赏了一句，真是让我有一种受宠若惊之感！它带给我的自豪感是难以用言语描述的。这之后我还经历过许多次这样的劫难，却也一次次的似这般挺过来了。对于我来说，正是这一次次的小小成就逐渐让我认同自己并产生自信，也让我明白，在自己的弱项上付出努力同样可以做到和别人同样好。

黄高是一个很特别的学校，就像它有着很美丽的校园，却置身于郊区，周围是鱼塘环绕；就像它有着顶级的师资力量，却大量地接收着乡下朴实的学子。黄高给我改变，虽然到了现在，我愈加清晰地感受到城乡环境带给人的巨大的气质差异，或者愈加清楚了黄高给我的改变到底是什么，但是，我仍然不能或者永远难以评判它们的全部意义。我只能说，黄高提供了一个通往更广阔天地的平台，给了我们不同的视角，也给了我们更多可能性，如果说"可能性是一种财富"的话，那么我确实应该深深地感谢黄高。

学习的事

有人问我高中时候的学习经历，我觉得，它们很好地诠释了一个词语，就是坚持。我仍然很清晰地记得，在高中的前两年里，我的学习成绩从来都不是顶尖的水平，似乎每次的考试都能稳定在五十名左右的位置。那时候我的想法很简单，最初进班的时候我的排名是最前列，至少现在不能差得太远。很多次，看到花名册上我的名字列在了顶端而成绩略显嘲讽，心中总有些不是滋味。我正是那种惯于给自己压力的一类，看重成绩且关注排名，所以每当这些时候都会产生抑郁甚至迷茫，就像在长跑的时候，终点尚遥遥无期而浑身已经酸痛。我们都在讲坚持，大概正是这样的时候方显出坚持的可贵来。不同的人有不同的坚持之道，强者能够始终咬着牙跑着，而我只好停下来走一会儿，然而我给自己的压力却是持续的，我的一口气还扛在肩上，不久我还会重新跑起来。我总结自己，大概是有一种"不以为苦"的特质，并不觉得长期伴着压力生活是不能忍受的，或者说我认为生活本色调就是沉闷的，不沉闷只是偶尔透出的亮色罢了。

似乎是有着某种哲理，当我坚持着每个周六晚上自习之后，才发现其中的妙境。曾经也有一段时间，我厌倦与枯燥乏味的方程与公式为伍，但是，正是经过日复一日的艰苦训练之后，我豁然悟到那些公式的简洁和几何的妙用，如同进入一个全新的天地。而当初，我为了这么一个莫须有的想法累得自己学得这么沉重，略有些好笑。但是同样地，进入了三年级之后，一切都显得突然轻快了，虽然每天仍然会发下来许多题目，不时就会出现一次大考，但是自信胸中包罗万象，思路信手拈来，行云流水题我两忘，正像当初教歌时的感觉。所以在我看来，高中的最后一年反而显得最为轻松。

老子讲"重为轻根"，可不就是这样吗？我了解自己，很多时候是轻浮的。所以我只好放下散文小说而进到教室自习，我选择充实而不是漂亮。所以对我来讲，率性而为实际是一种很危险的状态。我曾经很向往名士风流，但是我又真切地感受到他们的苦痛；我也很欣赏李白高歌"我本楚狂人",但是我现在更愿意以杜甫的"乾坤一腐儒"而自诩。不是说我宁愿沉闷,而是我相信,那些轻快的、浪漫的或者潇洒如行云流水的,莫不是建立在日复一日的、艰苦的惨淡经营之上的。至此,我不能不想起在这片土地上世代生存的我的祖辈们,正是他们的勤劳、隐忍、刚毅、顽强,默默地影响着我,教我如何负重地生活,亦决定我如此的信念。

清凉的梦

我现在正坐在图书馆的高层,我看到这个城市即使是在雨湿的天气里,仍然不失繁华之气,于是我尤其地怀念起那个长江流经的小小黄州城来。在我的感觉中,这是一个很惬意的小城,人们生活得悠闲散漫,颇有些苏子的遗风。黄高偏处于它的郊区,我们每天早上打开宿舍门,看到的是清绿的池水,听到的是婉转的鸟鸣,一天的心情就愉悦了。我记得曾经书上有一篇《我的空中楼阁》,而其中向往的"门外自然"正在我们的生活中真实地再现了,这实在是一件很奢侈的事情。有一年清明,鱼塘沿岸开满桃花,我们翻墙到了校外,顺着盛开的桃花一路越走越远,返程时竟已不知来路。而这样的回忆是数不尽的,譬如在龙王山的密林中看暮色笼罩,在遗爱湖上看无边的水汽,又或者在江堤夜听江水拍岸,遥想苏子的赤壁泛舟。这些都是很浪漫的回忆。现在,当我看着窗外的一片车水马龙,霓虹四起,它们则突然一起涌上来,让我心生无限的怀恋。

曾经有好多个夜里,我都要做同样一个梦。梦中一个大雪天,我仍坐在四楼的教室里,午休的时间,大家都已经睡熟。外面漫天的大雪缓缓地下落，苍茫中似乎只有白色的流动。我探出窗外，感到寒流卷着雪花迎面扑来，闭上眼睛，每一寸肌肤都感到湿润和清凉。这是一个我所不能解释的梦，但感觉到清凉而温暖，浪漫而忧伤。

高中结束之后，我独自一人再次走上长江大桥，夜幕笼罩下来，桥上亮起了路灯。这次我站在另一头，看到的却是江水的渐渐逝去了。江水已经化作了黑影，只有轮船星点的光浮动其上。黄色的路灯下少有行人。我伫立桥上，看着大桥与长江构成恢弘的对比，那一刻，我似乎明白了，就像是冥冥之中的某种默示，黄高给了我这样一个清凉的梦，而我背负着它越走越远。无论我走到哪里，也无论我变成什么样，它始终在提醒着我曾经历过怎样一条轨迹，以及原点是怎样的一个东西。

点评：

周祥同学1995年出生，是班上年龄最小的一个学生，却也是班上考得最好的学生之一。他朴实厚重，常常以他的真诚、善良和宽容赢得大家的尊重和信任。他睿智机敏，在每次的学科竞赛活动和课外活动中，总有他积极活跃的身影，且能赢得满堂彩。他纯真可爱，懂得珍惜和感恩。珍惜与同学们间的友情，与老师间的师生情，愿意和同龄人交流与共处，高中三年的日子过得简单而快乐。相信他在大学里会走得更精彩更华美！

——杨开泰老师

Yes, I Can do It!

文/龚润华

姓　　名：龚润华

录取院系：清华大学 2012 级土木工程系

爱　　好：围棋，篮球，电影

座 右 铭：勿以恶小而为之，勿以善小而不为。

获奖情况：物理竞赛国家三等奖

数学竞赛省一等奖

校级学习标兵

高三拾忆

有人说,高三是每个人人生中不可或缺的一部分,是人生中一道独特的风景线。其实,我想,它更是一种历练,不仅是对知识和应试能力的考验,也是对抗压能力、心态、自我调节能力的一种考验。

如今,步入清华大学已经半年的时间,离那场被视为"生死之战"的高考也过去了大半年。渐渐习惯大学生活,但是依旧怀念高中的那种感觉。回首自己的高三时光,既有看不见未来时的彷徨迷惑,伤感无措,也有憧憬未来美好生活时的幸福感与满足感;有成绩不如意时的自暴自弃,当然也会有"我自横刀向天笑"的冲动。不管怎么样,高三的生活带给我了很多,也让我学到了很多东西,不仅是课本上的知识,更多的是一种人生态度。

想想自己刚进入高三时,发觉自己刚开始的心态十分好,计划着要怎样充实地过完高三,要过得有条理一类的,但是,经历过一段时间的高三复习和九月的摸底考试——步入高三的第一次考试后,自己的心态就有了一些改变,没有了一种步入高三前的淡定,更多了一种浮躁,想到还有漫长难捱的一年,以及一年后的高考,内心就难以平静。我想,这是每一个经历过高三的人都会有的吧,这不是所谓的叛逆,而是一种正常的情绪,这种现象很正常,关键是如何应对。至于我自己,我是想象未来的美好生活,毕竟高考只是人生的一个坎,以后还有许多大大小小的坎要迈,眼界要更为开阔,高考失败并不可怕,可以重来,真正可怕的是因为失败而就此对未来丧失信心。我就经常这样鼓励自己,让自己向前看。现在想想,也确实如此。

高三经历了无数大大小小的考试，每月一次大考，周周有每科小考的频率，让我到最后都有了一种麻木的感觉，不过，我想，正是这种麻木的感觉，才是最好的高考状态吧。答题时能驾轻就熟，这不正是我们想要的吗？题海战术当然不值得提倡，但是，我觉得，高三就是从量变到质变的一个过程。在高考前的一段时间，整理一年的复习资料，光试卷就码了很高的一堆，看起来十分震撼，这是高三必须经历的。确实，一二三轮的复习模式比较枯燥，但是，我们又不得不承认这是最为行之有效的方法，一遍一遍的复习，自己的知识体系不断得到巩固，很多以前不明白的东西会马上豁然开朗，我想，也许这也是一种学习的乐趣吧。在高一高二，在不同的时候会有不同的活动，但在高三，除了四季温度的变化，和窗外草地上变化的颜色，每天的生活都与昨天一样。不过，我也很享受这种简简单单的生活，现在也很怀念这种感觉。总之，高三的生活不是只有学习与考试，当你把高三的生活看作是一种人生必须经历的磨砺时，一切都会变得轻松。我们现在都批判高考制度的不科学、不合理，"一考定终生"的模式将人的命运牢牢钉死。不过，我想说，在这里我并不是以一个暂且的高考成功者的身份，而是一个高考制度下的参与者，在现代社会，目前的高考可以说是最为公平的，国家也最为重视，就像白岩松说过的，如果不是高考，我们这些平常人，如何拼得过"官二代"、"富二代"？如何与那些有着高超作弊手段的人比？所以，我们不是不积极改革，而是在制度下改革，我们应该积极面对，而不是以一种愤世嫉俗的态度反抗。也许这种话很多余，不过，当想清楚这些问题后，也许一些消极的情绪会离你而去。

　　接下来谈谈高三考试的经历吧，还记得刚进入高三时，我们的班主任——陈老师就把高三要经历的大型考试给我们细数了一遍，一种无形的压力就扑头盖脸而来。而且，后来事实证明，陈老师还说漏了几场大型考试。有时自己会数数距离某次考试还有多少天，看着剩下的考试一个一个减少，我知道高考临近了。现在想想，这么多考试中，还是第一次八校联考给我留下了很深的印象。虽说老师在考试前就跟我们说过，每年的八校联考题目都比较怪，考试会打击到很多同学，大家都带着忐忑不安的心情走上考场，而且事实确实如此。我记得当时是理综和数学两科比较难，特别是理综，因为理综平时是自己的强项，都是自己拉分的首要科目，所以自己在考试前也很有自信，甚至有一些懈怠，考试前对理综的复习时间都挪给其他科了，不出所料，那次自己做理综的感觉特别差，不仅没有完成，而且做题时思维十分混乱，最后成绩可想而知。那次考试对我触动很大，不仅因为考题与平时做的练习和小测验有很大区别，而且由于自己对理综的大意、松懈，之前所有的一些小的骄傲情绪、安逸心理瞬间被击溃。那时才明白，自己还有很多需要努力的地方。也许是自那以后，自己心态摆正了许多，没有了原先的浮躁不安，更多了一种淡然，平时能静下心来复习，做练习，也不太会为考试成绩而兴奋，或失落。我想，这也许是高考前各种模拟考的一种意义吧，可以不断鞭策我们，不要因为时间而懈怠、放松，也让你不断地接近实战状态，当把每次考试当作高考时，高考对于我们也不过是一次普通考试罢了。虽然这句话很老套，不过，确实是正确的，高考需要克服的一大问题就是心态，很多人会认为高考一直很遥远，可是真正到来时，会措手不及，会突然想到还有很多要复习，会慌张失措，这都说明你并没有将以前的考试认真对待。

高考并不可怕，虽然它很重要，要相信，是读书改变命运，而不是高考改变命运。如今的很多努力，挑灯夜战，失望彷徨，委屈难受，都会是有回报的，正所谓：一分耕耘，一分收获。

耐得住寂寞，受得了压力，看得见希望，相信自己，对自己说：yes,I can do it!

高三学习心得交流

数学

数学一直是考试四科中的重中之重，在高中三年课时也是最多的。如果要将学数学的经验总结为一句话，我想借用我的数学老师的一句话：多练习，多总结。虽然这句话再普通不过，不过却很少有人能做到。还记得当时我们的数学老师的教学方法比较独特：在高三，基本上整个年级每个数学晚自习都得考试，而且每个星期还有专门的考试时间。不过，我们的数学老师就把晚自习时间给我们自由支配，让我们复习以前做过的练习题以及试卷，多做笔记总结。当时我们只是觉得不考试就很轻松，所以只是很高兴。不过后来发现真的很有效果，高三的考试已经很多了，没有必要再额外增加考试，这样我们学生很难有时间去认真地反思、总结。现在想想，自己的数学水平在那段时间提高了不少。所以，学数学，善于做总结十分重要。整天忙于刷题，没有掌握的知识点和方法还是没有掌握，要错的地方下次还是会错，所以做再多的题也是没有用的。举个简单的例子，解析几何的大题向来是计算量大，而且过程繁琐，所以有时考试时花很长时间做也拿不到分。但是，解析几何的题也有自己的特点，它形式比较单一，一般在平时的练习中，基本上所有的题型都会碰到，此时做个小总结，例如，解曲线的方程的方法，解直线与曲线相交的方法，解曲线与曲线的相交问题的方法等等，分门别类，这样，以后一拿到解析几何的题，思路会十分清晰，不会为如何下手而苦恼，剩下的只有计算问题了。再多加针对训练，解析几何就不会再是难点了。

所以数学的学习，要善于总结，抽象出一些典型的题型，多做思考，不盲目做题，做到以不变应万变，数学想拿高分就容易很多。

语文

由于自己语文的水平一直都不是很理想，所以，这里只能说一下自己在高三是如何加强语文这个方面的练习的，以及自己的一些感悟，希望能有所帮助。

当然，语文成绩与平时的积累有很大的关系，语感会很大程度上影响题意的理解和答案的组织水平，所以，在高一高二多做积累，是很有必要的。可能在高一高二，语文的学习压力并不大，很多人会认为语文随便学学就罢了，高考与课本联系不大，高三再去努力，这样的想法是错误的。在高三，复习是很紧张的，当你发现自己哪里有薄弱时，那已经没有很多空余时间去弥补了，所以平时的积累尤为重要。平时的积累也很容易，例如，看到的生字生词，随手记下，坚持读一些名家散文，早自习背一些文言文等等，三年坚持下来，就会有很好的语文功底了。

在高三，由于面对高考，语文的复习不会像高一高二一样，而是就考点来一步一步复习。所以，在高三想提高语文成绩，就要紧扣考点，就自己薄弱的方面进行专门的训练，而不要笼统地漫无目的地复习。就我自己而言，我在字音字形这一类的基础题方面比较薄弱，所以我就在这个方面多加练习，勤翻字典，多做笔记。虽然很枯燥，而且占用了我很多时间，不过，功夫不负有心人，在高考中这个方面我没有失分。

要相信，冰冻三尺非一日之寒，所以只有打好坚实的基础，语文才能变得容易。

英语

作为一门语言学科，与语文一样，平时积累是首位，这点我就不再重复了。在此基础上，英语听力这一部分也很重要，而听力又与口语是密不可分的，所以，在平时，加强口语十分重要。在早自习要开口读，不要自己无所事事地度过，例如，背一些好的文章，不仅仅是课文一类的，可以是新概念上的文章，也可以是报纸上的小短文，或者是做过的好的完形填空都可以，培养语感。在很多题型中，例如，完形填空、完成句子以及作文，好的语感对解题有很大的帮助，有时即使无法确定答案，但能根据一种自然的判断选出答案。这不是猜，而是一种经验的积累的结果，当然，这种经验不一定可靠，还是得靠自己的知识。

阅读和完形填空需要多加练习，而对于完成句子，就要学好语法了。我个人在完成句子方面就比较差，所以有一段时间我就不做题了，而是看语法书，把常考的部分看到烂熟于心为止，这样，后来自己的完成句子这部分就没有太大问题了。

物理

在理综中，物理分值最大，不定项的选择题以及压轴题都是很让人头疼的。还记得在二轮复习前，自己觉得一轮复习后，水平上了一个很大的台阶，但是当在二轮，老师给我们一些比较难而且有新意的题时，又马上被打击到了，并且感觉到二轮的练习才更接近高考水平。所以，多做一些题目还是有好处的。

对于物理的学习，由于概念较少，所以对概念的理解是核心。虽然物理在理综中是对计算要求最高的一科，不过不能忽视概念与理论。其中的物理实验题，很多时候都是课本上的经典实验改编整合而来的，原理都十分简单熟悉，只要理解了题目要考的原理，不管题目怎么变，做起来都会比较轻松。例如，经常出现的电学实验题，当你弄清楚是要考察伏安特性曲线，或者是多用电表的用法，或者是电路的改进，或者是误差分析及改进等等，那么你就可以跟着这方面问题的通常解题思路走，题目也就迎刃而解了。而对于压轴题，一般是功与能或者是电磁学部分，虽然题目样式繁多，不过其实所利用的知识是十分有限的，而且解题所利用的一些技巧也是不多的，所以，平时总结一下方法和一些常见的解题思路，是很有必要，也是很有用的。另外，在动笔解题之前，要对题目有透彻的理解，最好将解题的过程细化为小的步骤，逐步求解变量，这样不仅可以使自己思路清晰，便于解题，减少所耗的时间，而且步骤清晰也不会被扣步骤分。

化学

化学虽说知识点多而且杂,但是还是有规律可循的。在总复习时,一轮的复习十分重要,要做到滴水不漏。课本是最为主要的,要做到仔细研读,不遗漏一个小的知识点;另外就是笔记,以前做过的题等等,这些都是宝贵的复习资料。当你一轮复习完后,知识点和各种细节基本复习到位了,这个时候就要对整个知识体系要有整体的把握,这对于化学这科十分重要。要在大脑里形成一个网,将各种繁琐细小的知识点串在一起,这样在做题时能及时联想,做题的效率就大大提升了。

另外,解题规范性也是一个不容忽视的问题,平时不注意规范解答在考试时会吃大亏。还记得当时我的化学老师就经常发考试的试卷评分细则给我们看,让我们自己改,感受一下规范的重要性。所以我觉得在高考前,可以找往届高考的评分细则来看看,与自己平时的答案进行比较,看自己在哪些方面会经常发生遗漏,并且及时改正,尽量使自己的答案与标准答案相似,这样就能在化学这科上拿高分。

生物

有人说高中生物就像是理科中的文科,记背的东西很多,而且答案在很多时候都很难接近于标准答案,所以在生物这个方面,连估分都比较困难。

学习生物,第一就是概念。平时要记背课本上的概念,甚至一些题目以及答案来帮助理解概念。有时一些填空题以及简答题的答案都是课本上概念的原话,一些实验大题的原理都是以课本上一些著名的实验为蓝本的。平时也要勤于翻书,有不记得的知识点就马上巩固加深印象。当经过高三一年的复习后,基本上能将课本上的重点内容背下来,这就是最好的状态。

还记得当时我的生物老师就要求我们在复习完一个模块后,就自己动手画一张概念图来囊括所有的重点内容。我觉得这个方法是加深我们对概念理解一个十分好的方法。

除此之外,当然要有大量的练习。由于生物题中容易出现创新的地方,比如将普通的填空式的遗传定律的题改为分析简答式的,又或者将光合作用的变化分析改为提问选择哪种方式对植物生长最好一类的问题,这些都是一些创新,如果见过就不会有陌生感,也就会更加自信。但是所要考查的知识是不变的,所以熟练地掌握概念才是最为重要的。

点评:

龚润华同学,活泼开朗,文明礼貌,品行端正,团结同学,尊重师长,爱好广泛,对待他人友善,与他人相处融洽;进取心强,学习目标明确,学习态度端正,刻苦认真,学习一丝不苟,善于钻研,高中三年,能够做到三年如一日,始终保持旺盛的求知欲望,无论早自习还是晚自习,也无论是上课还是考试,总能全神贯注,聚精会神,十分投入地学习。特别是能正确看待每次考试的成绩,既能在考出理想成绩时保持清醒头脑,积累经验,又能在考试不如意时总结教训,发现问题并找到解决问题的办法,真正做到"胜不骄,败不馁"。同时,有较强的自我调节能力和良好的心态。课外,积极参加各项活动,集体荣誉感极强,严于律己,乐于助人,是一名全面发展、品学兼优的优秀学生。

——陈维毅老师

踏踏实实每一天

文/周丽玮

姓　　名：周丽玮

录取院校：北京大学 2012 级环境科学与工程学院

爱　　好：喜欢饲养小动物，种植物，打羽毛球，弹琴

不仅有踏踏实实的努力,更要把心态放踏实。事实上,两者相互促进。

我是黄冈中学2009级高三(9)班的学生,现就读于北京大学环境学院。每每步未名之畔,仰博雅之巅,高中生活的点点滴滴会涌上心头,在心里泛起层层涟漪。

先前就读于启黄初中的我,有幸以城区第七的成绩进入了黄冈中学理科实验班就读。经历了一个半月的暑期培训后,在老师家长的建议和自己的综合判断下,我选择进入了9班,也就是竞赛班,并加入了生物竞赛小组。经过了将近两年的努力,在2011年生物联赛中获得了一等奖,即获取了2012年保送生资格。高三上学期,经过层层筛选后幸运地得到了北大校长实名推荐名额,即高考分数高于一本线即可被北京大学录取。2012年的高考中,以总分659分进入了北京大学。

回顾高中三年,似平平淡淡,却有太多的回忆,太多的感触,太多的反思……

暑期培训的汗水

中考结束之后,才知道进入高中之前的暑假会有这么一个补习班——集中了预录过线、中考成绩优异的学生,集中提前上课,主要讲授高中课程。于是便糊里糊涂地进入了这个补习班,开始了一个半月的学习。

教授的科目为语数外理化生:语文课大多讲些古诗词,英语课上新概念的课文,数学与理化生就如同正式的上课,当然有不少拓展的内容。

刚进入补习班时,说实话,挺不习惯的:一来,原本长达两个月的假期泡了汤；二来，对于我这种基础知识相对较强，竞赛方面几乎一无是处的人而言，与各地竞赛高手汇聚一堂，共同遨游在理科的海洋里，颇感压力巨大。然而转念一想——就当预习高中课本吧？还有最好的老师帮你预习，即便排名倒数第一，去了普通班，也不会差的吧？于是安下心来，专心学习。

对于我来说，语文和英语的考试与平时上课并无太大关联，只当是个消遣吧。而对于被不少前人危言耸听的理科——常常听以往的哥哥姐姐说"理科好难啊！""理科不好，去读文！"——无数次给自己打了预防针的我在接触了一段时间后，感觉不算恐怖。物理么，多结合实际，做题时脑袋里能有个直观感受，便万事大吉；化学生物么，好比是理科中的文科，没事多在纸上系统地写写反应式，画画概念图，除了获得心理的成就感与安全感，大致上分数也不成问题；至于数学，鉴于当时的数学并不好，此处不表……

经过一个半月的上课听讲，课后完成老师作业和自己买的习题册后，总分还不错的我顺利进入了9班。

彷徨的高一

参加生物竞赛了！乐呵呵买了一大堆竞赛用书，每周六的训练时间便陶醉于印着幽蓝色海月水母浅绿色植物图片深海景色的书籍中，平时老师布置的作业写完了也会拿出一本本小砖头毕恭毕敬地看着当时还半懂不懂的、字大排大排的竞赛书，划着下划线写笔记，解剖各色各样动物植物，譬如蛔虫蚯蚓对虾蝗虫植物根茎叶……有趣!

有趣固然有趣,但毕竟耽误了些正式上课的时间,再加上竞赛班为了进度上课较快,没有空自己找些题练习等原因,高一下学期的时候,成绩明显下滑——从高一上期中考试的第二名,到高一下期中考试的一百名。

意识到自己时间安排不够合理,且计划过大过空难以实现,我把精力较多分配给了平时的学习,并将计划制定得更加合理,大型考试前也预留了充足的时间复习——好歹,成绩回到了前 50 名。

奋斗的高二

或许是高一存在一个瓶颈期罢,到了高二,随着各个学科特点的熟悉与掌握,尽管心中仍有些隐隐的不安,但至少,排名趋于平稳,也算是为竞赛吃了颗定心丸吧。

生物竞赛的时间在一天天临近了:仍记得高一后的暑假奢侈地放了 5 天假,其余时间要么在外地从早到晚培训,要么在特批的办公室里吹着凉气看书做题讨论;高二上运动会的时候,教练在小实验室贴出了倒计时 200 天的标识;与高一相同,高二上期末去外地参加一个星期的培训,耽搁了两次的期末考试;短暂的寒假在家中忍受解剖河蚌的臭气;刚放假不到一周,正月初五又奔赴外地参加了为期一周的训练;竞赛前将近两个月停止上课,每天在小实验室里看书,做题,考试,讨论……

这样的日子累吗?当然累!比起身体的劳累,更多的,是有时的心累、小小的纠结与彷徨:停课这么久,会不会耽误学习太多了啊?现在看了这么多书,联赛到底会不会考啊?付出这么多,真的能成功保送心仪的学校吗?万幸,有志同道合的同学的互相帮助与支持,老师家长的鼓励与配合,这些杂念暂时被抛在脑后。

生物竞赛小组从小教室换到了大教室,最后几乎占领了整层楼东南侧的实验室;宽敞的桌面上的小山丘变成了大山丘;做大学教材习题册的题目,专门竞赛书上的题目,往届考试的题目,台湾的考试题,美国教材的课后习题;在实验室里做实验,附近的黄冈师院做实验,华师做实验……

最终,虽未能进入省队,也在联赛中获得了全省第七的成绩。我心甚慰。

微笑的高三

微笑的高三?扯淡!慢着,我的高三,真的是在微笑中度过的。

竞赛结束后,告别了实验室,怀着丝许遗憾,进入了正常的高中学习之中。虽说耽搁了两个月,但得说,回归的感觉就是:轻松!

为何?君且看:语文本不重课堂,课文课后亦可读;数学一轮复习中,知识都懂作业省;英语上了两单元,抄抄笔记背单词;物理虽有上新课,光学内容早熟知;化学进入有机界,老师辛苦帮补课;生物……大学生物都自学得差不多了,还会怕高中生物么?竞赛后一个月举行的大考,名次不退反升。

结束了竞赛后的一段调整期,我正式进入了高三的学习。

高三嘛,所谓高三,各科先后进入了复习阶段。

觉得自己高一高二虽然努力了但不会做题？不了解高考的题型？不知道如何针对高考？知识是一盘散沙没有条理逻辑性？对于这样的同学，我只能说……高三正好能解决以上所有问题！

语文，仔仔细细地从字音字词讲起，有专门的小册子供你记忆，老师专门整理的资料供你参考；不知道成果如何？别怕！定期有专门的无关痛痒的小测验可以帮助你检查成效。高三语文的复习，拂去了"虚华"的课本的表面，将高考大卸八块，再剁成一小块一小块，或红烧或清蒸，一块一块让你踏踏实实地咽下，细细地品味，慢慢地消化……以前语文课不知道上的是啥？没事！你知道高考考啥、咋答就行！以前语文课知道上的是啥，认认真真记了笔记，广泛阅读古今中外名著，普通话标准，词藻丰富，作文被印刷全年级人手一份，记忆力惊人？得，平时语文积累得多，文化素养高，再加上目的性强的训练，你还怕啥？

英语，类似语文的复习，从课本原文到重点单词，老师会细致地带到每个点。一轮把课本跑过一遍后，还有二轮三轮的专题复习。

数学物理化学生物……总之也很细致的，从第一个知识点一点点复习到最后一个，间或有重返高一的错觉——当然高考倒计时的牌子又把你拉回了现实——不过，想起高一刚学这些知识时的困惑不解，重新复习时不禁嘲笑当时的自己——不就是这些东西吗，哈哈！

高三初期自我感觉良好，成绩稳定在年级十五名左右，偶尔有个前五前十什么的，挺乐的。

一段时间后，墙上贴出了北大校长实名推荐的相关资料。抱着试试看的想法，我交上了自己的申请。首先是全校理科班的海选——高中阶段九次大考中，至少五次进入年级前五十名。刚好，在我参加的六次大考中，除了高一下期中考试外，其余的，均在前五十名范围内。选出的二十多名同学经过互荐和老师推荐，选出了五名同学进入北大实名推荐的决赛。

那一天晚上，月黑风高，毫无征兆地，被老师叫到了会议室，进行面试。面试的形式是国际上流行的无领导小组讨论。大圆桌上，各位校领导评委占据了半圆，包括我在内的五名选手又占据了半个圆，从校外请来的评委处在交界处，校长旁听。当时我们组面试的题目是关于对清华大学"自强不息"计划的看法。场面很严肃，模式很正规，空气里洋溢着隐隐的压抑与紧张：为每位同学专门准备了两张草稿纸和一支笔（高考的时候理综数学才一张草稿纸啊！虽说到处闪亮着思维的火花，但也不至于两张纸啊！高考语文八百字的作文还要快一个小时这面试总共才半个小时啊！）；宣读了长长的一串流程细节；打分还用了十分钟，还不准我们出去休息……总之，我很幸运地以最高的总分拿到了名额。

没有了太大的压力，再加上之前调整好的心态，高三的我，一路微笑。

问与答

Q：黄冈中学好吗？

A：如果有一所中学，虽然地处经济欠发达地区，但拥有享誉世界的名誉，超多的竞赛成就，充满朝气的青年教师，富有经验的知名老师，优秀的同学，标准的体育馆足球场篮球场乒乓球台，完备的物理化学生物实验室，高三不停体育课，课本上的实验基本做到，教室里有空调投影仪电脑，每层楼有饮水机，食堂好，寝室有空调……你觉得这所学校如何？

Q：竞赛班、理科实验班、平行班的区别？

A：竞赛班顾名思义学生在学习文化课的同时，多了一份竞赛的任务，上课进度最快，班级人数较少；理科实验班，以高考为最主要任务兼顾自主招生，上课进度快，要求较高，拓展较多。但平行班就要求低些、讲授差些么？绝不！记得某次，一位平行班的朋友问我一道数学题，苦思冥想半小时不得解，遂见教他人，方得解焉。愧中翻阅其笔记本，多绝佳解题方法总结归纳，令人折服，不禁全文抄录，叹为观止。问之所从来，曰：吾师上课讲也。噫！壮哉黄高之平行班！当然，也不是说竞赛班为了追求进度漏讲细节，只是每个班都有每个班的特点，每个人都有自己最适合的班级、最合适的教学方式罢了。当然，现在，这些班级因为政策的变化有所变动，但也是大同小异而已。

Q：学理科需要做很多题吗？

A：原本，我是这样以为的。暑假补课的时候，害怕和竞赛大神差距太大，为了追求心安，每门课都买了小小一本专门的辅导书。大概是因为暑期不似寻常上课那么紧张疲惫吧，除了完成老师布置的作业以外，还跟着做自己买的辅导书，也竟然基本上做完了，效果还不错。于是乎，上了高一，一面有竞赛任务的负担，一面又抱着"高考不可丢"的想法，买了各色各样的参考书，记得颇为有名的某专题书，竟然买齐了一系列，整整齐齐地摆在书架上，花花绿绿，倒也是蛮好看的。私心想着，若是能把这些题都做完，想必是极好的。但看到密密麻麻大面大面的题目，发现时间实在是不够，便囫囵吞枣似的选了些题做，也未见什么成效，反而连老师布置的题都没有时间细细思考了。于是干脆将自己的题目丢掉，把老师布置的作业一点一点弄懂，考前做些基本题练练手，效果倒也不差。所以，理科不在于题多题少，而在于质量。具体而言，平时，踏踏实实完成老师布置的任务，若学有余力，再自己寻些题做；考前，不要纠结怪题难题，三五基本题足矣。切忌为求心安买太多的书，适得其反。

Q：如何面对学习之外的事物？

A：每个人都有自己的爱好，有自己想干的事。但要清醒认识到自己当下的处境与任务。若能保持学习上积极的状态，可适当放松自己，调剂身心。切忌变放松为放纵。如若不能，干嘛不高考后再做！

Q：每天需要多勤奋？

A：挑灯夜战不可取，早睡早起养精神。黄高的晚自习结束时间已经比较晚，回家吃个宵夜，洗个澡，就差不多到了睡觉的时间。若是再花太多的时间写作业，恐怕会适得其反。若无法保证晚上加班的质量，不如在学校抓紧一点，完成当天任务，下晚自习后两手空空轻轻松松回寝室，洗完澡后舒舒服服听听音乐看点书，美美睡上一觉。同理，对于一些比较零碎的时间，譬如课间十分钟，若是自己干不了什么事，不如收拾收拾桌面，摆好下节课的课本，和一两好友出去散散心。记得有一段时间，我下课依然做题，以为能抓紧一分一秒，而实际上是：下课了！拿出物理题，读题，画辅助图，思考……上课了！在某老师的不满的眼神里收起物理题，匆匆忙忙拿出当节课课本……下课了！拿出物理题……忘记题目了……重新看一遍好了……嗯有点思路了……开开心心写了个很好看的"解"……上课了……切忌因为内心不安，做出一些表面上很勤奋，实际上没有效率的行为。

Q：和老师的关系？

A：对于和老师的关系，我们不必太敏感。不必为了一次没考好，战战兢兢躲着老师，老远看见老师绕路走；不必为了一个问题没回答上来，以为老师讨厌自己觉得自己学不好；不必为了和老师在办公室里的一次谈话，以为老师很担心自己给自己太多太多的压力；不必为了老师一个平常的眼神，以为老师不喜欢自己放弃了自己……有哪个老师不希望自己的学生能够积极向上乐观开朗呢？又有哪个老师不希望自己的学生能够在轻松快乐的氛围中愉快地学习呢？老师不过是我们前进道路上的指引者、帮助者，又何必因为自己过度的敏感迷失了自己最终的方向呢？若有什么学习、生活上的问题，多和老师交流交流，相信老师也会很开心的哟！

如果你是家长……

在大学，有位老师给我们讲了这样一个故事：

同学们玩一个叫做哑巴帮盲人的游戏。两个两个一对，一个装作哑巴，不允许说话；另一个在眼睛上系上不透光的布，装作盲人。"盲人"要带领"哑巴"穿过一系列障碍物。当他们经过一个桌子时，这位老师观察到，"哑巴"把"盲人"的头使劲地往下按，"盲人"却一个劲地往上抬头，所以一次次碰到了脑袋。

这像不像是某些家长和孩子呢？

每个学生都有自己内心的想法。家长作为过来人，站在自己的角度看，自然知道什么是相对有利的，什么是相对有害的，看见"走岔路"的孩子，就不由自主地把孩子的头往下按，正如故事中的"哑巴"一样。然而，学习、生活是需要我们学生自己体验、感受的，一味地强制性的帮助恐怕不仅适得其反，还会激发两代人之间的矛盾与冲突。

如果你是位家长，我想说，我们都有自己的想法和思考，过多的干预是没必要而且有害的。

如果你是位家长，我想说，请想想自己的少年时代，自己少年时代的理想与追求。

如果你是位家长，我想说，请做我们的引导者，而非管治者。

写在后面

（1）不仅要有踏踏实实的努力，更要有踏踏实实的心态——即乐观向上，相信自己的信心。反例：一次考试没考好，好多天心情沮丧，没精打采，头脑昏昏沉沉，带着好几本作业回家写，没写两道就趴在桌子上睡着了；考前专找偏题怪题做了好久做不出来……何苦为难自己？

（2）高三一年就不要好高骛远了。针对性目标性一定要强，不要到了高三还抱着名著日读夜读美其名曰提高文学素养，实际上是偷偷摸摸看得也不开心，晕晕乎乎考试分数也上不去。夸张点，或许可以这么说：为了把题做出来，可以不择手段。当然不是去打小抄，而是灵活学习，灵活答题。譬如，物理老师发了一大张卷子，好多不会写，不好意思都问同学，怎么办？没事！自己尽力做，做不出来的，去百度答案，看懂了再自己写一遍！数学小题做得慢正确率低怎么办？没事！小题嘛，不要求过程，自然可以搞些歪门邪道排除法直觉法作图法揣摩出题者意图法，都可以用！还可以都用！反正，得到正确答案就好了！当然，事后最好还是搞清楚原理。

（3）不要太在意成绩。不要太在意别人比你多出的一分两分，比你多做的一两道题，比你多回答的一两个问题，多赢得老师的一两个夸奖。那些都无关紧要，最重要的是高考。

以上纯属根据个人经历得出的一家之言，如有雷同，纯属巧合。祝大家都能取得满意的成绩！

点评：

她是一位文静漂亮乖巧的女生，无论做什么事情都能完成得仔仔细细，一丝不苟。作为班上的文娱委员，总能把班上的活动开展得有声有色，让略显沉寂呆板的理科实验班增添了不少的激情与活力。翻开她的课本、笔记本，你会发现上面密密麻麻记满了各种笔记，整整齐齐，五颜六色的记号，各种心得体会，堪称典范。正是这种严谨的学习态度，颗粒归仓的学习精神，成就了她的理想。

——罗欢老师

复读，从同济大学到清华大学

文/杨阳

姓　　名：杨阳

录取院校：清华大学 2012 级水利系

爱　　好：排球、英语

座 右 铭：黑夜给了我黑色的眼睛，而我用它寻找光明。

手指在键盘上轻轻地敲打着,然后又一字一字地删去,似乎任何文字都无法体现我所思、我所想、我所念。

从黄冈中学到清华大学,我花了4年的时间。

昨天才和一位朋友去电影院看了《全程高考》,电影一点一点地继续,而曾经的日子真如电影镜头般在我的脑海中闪放。

正如我在"国旗下的讲话"中所说,黄高,对于我这种外市的学生来说,几乎是神一般的存在。14岁尚且未满的我第一次离开我的家乡——恩施,开始了我的异地求学之旅。这不是我第一次离家,但却是第一次离家如此之远。

第一次踏入黄高,我仿佛就如一个新生的婴儿般好奇。这真的是个很美的校园。忘了提到一点了,我和我的一位老乡,一起来到了黄高。我们被分到了11班,当时的我还不知道黄高的传统是8、9、10班是理科实验班,所以我还特地问了一下我四周的同学,我们班是快班吗?虽然中考的时候我的成绩在全校都遥遥领先,但我心里明白,在这个全新的环境里,我并不是佼佼者,甚至自卑的念头也在我的脑海中闪过。

军训过后,我们迎来了入学考试。毕竟是第一次考试,对我的影响还是比较大的。我本以为我的排名会特别靠后,但成绩出来了之后,我是我们班的第14名,我记得很清楚。这是一个很好的起点。真正了解我的人可能知道,我是个自尊心特别强的人。我对自己的要求就是:要做就做到最好。我会比较我跟别人的差距,然后努力地提高自己,让自己变得更加优秀。可能是本来的基础就不错,而平常又比较认真,学习的进步是比较明显的。一位实习班主任还把平常的成绩进行了排名,我排到了第二,所以当实习老师找我谈话的时候,我都不敢相信我会爬到这个位置。果不其然,期中考试,我就是全班第二。其实当时可能大家都会觉得奇怪,我这么一个毫不起眼的人竟然会爬到第二的位置。但我想说的是,为了适应这种竞争激烈的环境,我也是花了很多工夫的。

在刚入学的半个学期里,我对自己的优劣势有了初步的了解。和我班其他的有些同学不一样,我不偏科,可以做到各个科目均衡发展。当时,我们班有些成绩比较好的同学有的问题就是偏科。在数学、物理、化学等理科的科目上能发挥得很好,而在英语和语文上则不尽如人意。也许这也是为什么我期中考试能得到第二的原因吧。经过期中考试,我也发现在我所有的科目中,相对而言学的比较差的就是物理。可能还没有开窍,当时尽管在物理上花了很多心血,但是进步却不是特别明显。在这里,我想告诉大家的是,不要担心自己的付出没有收获,成功的花朵永远在最美的时刻绽放。

终于我又迎来了高一上学期的期末考试。我发现每经历一次重大的考试,我的整个人都会有些变化。考试后的思考与总结让我对自己有个更好的定位。第一次期末考试,我是第一名。我始终记得自己的要求:要做就做到最好。虽然说我是班上的第一名,但当时在年级的排名是90多名,毕竟有8、9、10班重点班的存在。我的心中突然又有了一个想法,我要向年级里优秀的同学看齐。

想法是好的,但现实又是另一番光景。在高一下的时候,我"结识"

了排球。我之所以用"结识"这个词是因为排球成了陪伴我随后高中生活的一个尤其重要的朋友。本来在高一上学期的时候,我对乒乓球十分钟爱,但在接触了排球后,我就像着了迷一样。我必须说这跟我的一些学长学姐有关。跟着他们在排球场上驰骋,有种无以言表的感觉。黄高有一个传统是,在下学期,会举办球类运动会。这包括足球、篮球和排球。我还记得当时的我放弃中午和下午吃饭的时间去打排球。正中午顶着火辣辣的太阳,在排球场上挥汗,甚至在上课的时候也会想着排球。不得不说,那个时候,排球给我的学习生活造成了极大的影响。期中考试的第三给我敲响了警钟,我才逐渐发现我在排球上消耗的精力真的太多。一如既往的反思、总结,让我重新把生活的重心放在学习上。自那以后,我也只是在星期五的下午和星期六的下午去打排球。

生活再一次步上正轨,生活的节奏让我沉醉其中。高一下学期的期末考试,我又再一次顺利地回归班上第一的位置,年级的名次也有一定的进步。

不得不说,高一取得的成绩极大地增加了我的自信心,同时也为我高二的学习打下了良好的基础。高二就平平淡淡地过完了一年,没有太多的分心,做好学习与娱乐的调节,我也始终保持着班上第一的位置。而我也始终没有忘记要向年级的同学看齐。在这一年,我曾经排到年级的二十几名,甚至在高二下学期的期末排到了年级第四。

我还曾自信地认为高二取得的成绩会是我高三的一个良好开端,殊不知过去的成就远远不能代表未来。还记得在我们进入物理的第一轮复习时，物理老师在讲台上语重心长地告诫我们一定要重视第一轮复习。也许被物理老师的热情打动了吧，整个班都对物理非常重视。我从不会在物理课上打瞌睡，还会花星期天的整个上午来做物理改错，到了最后，物理改错本是厚厚的三大本。那个时候，基本上各种问题都会和物理老师讨论。高三的日子是很压抑的，大家基本上都自觉地变得认真起来。我也第一次有了压力感。

第一次高考考上同济大学

高三就这样开始了。我本以为经过系统的复习，我会有质的飞跃；但事实是班上成绩好的同学与我的差距越来越小，而我也开始从第一考场中淡出。似乎到了后来，第一、第二考场都是重点班的天下。后来在一次大型考试中，我得了班上的第二。也许有人会问我，为什么在意班上的名次？我想说的是，我的目标就是：先在班上做到最好，再向年级同学看齐。毫无疑问，这对我是个很大的打击，我不断地思考这个问题：为什么别人在经过系统复习后，能进步这么大，而我几乎只是原地踏步？

我知道理综一直都不是我的优势，但我没想到它到最后会拉我的后腿，严重到如此的地步。每经历一次大型考试，理综的排名，每次我基本上都是班上的七八名。为了提高我的理综成绩，我还特地每天晚上定时训练我的理综选择题。但似乎效果也不是很大。理综依旧是我的痛，只有在语数外三门上我才能找到安慰。

不知不觉高三上半个学期就在我的挣扎中慢慢过去了。我在年级里的名次依然没能有所靠前。我一直都觉得，如果说一个班的第一名，在年级里都只是八九十名，这是多没面子的事。所以为了这个班，我不能指望别人能撑起来，我必须自己努力往前爬，尽管困难，但至少我从未停止向年级里的优秀同学看齐。

  我又迎来了高三的下学期，不得不说，这仍然是一个压抑的学期。我也开始担忧起来了，要是我一直保持这样的状态，我能够考取什么样的大学呢？谈到这，我突然想到高三上学期的自主招生，当时我们班有一个上海交通大学的名额，班主任找了我谈话，征求我的意见，这可能是我第一次接触自主招生的概念吧，也不懂。当时我爸其实是很支持我参加的，但我也不知道当时是怎么想的，可能觉得太麻烦了吧，也可能觉得概率太小了吧，所以很坚决地告诉我爸，我不参加了。当晚回宿舍后，就跟班主任发短信，说放弃这个名额。回过头来想，当时还是有点意气用事，放弃的另外一个理由是我自信地以为不用自主招生，我照样能上交大。事实上，后来我又找过班主任问还能不能参加，班主任告诉我他已经把交大的指标换了，而后就不了了之了。现在看来，如果当时我参加了交大的自主招生，结果又会是怎样呢？

  高三下学期的时候，虽说没有很明确地想过一定要考哪个大学，但我心里一直对自己的要求是我要考省外的大学；而以我当时的成绩而言，我的目标当然是交大或复旦了，尽管最后高考没能考到理想的分数。记不清为什么高考前的那一百天那么快地流逝，记不清在高三的下半个学期里我干了些什么事。我在脑海里努力地回想高三的日子，想到的也只是高考前几天的自由复习。我们班在临湘楼的一楼复习，下午的时候就打打羽毛球。

然后我就迎来了高考，我也记不清第一次高考的情景了。脑子里两个场景相互交叉，我都分不清到底哪个场景是第一次的高考了。但我记得我的高考分数635。说实话，在知道这个成绩的时候，我真的是很失望。知道成绩之后就和一朋友通电话，当时就没忍住，哭了起来。这算是高中以来第一次哭吧。虽然说我有10分的少数民族加分，但我很清楚我这个成绩离我预期的成绩真的还有很大差距。我还记得那一年的一本分数线创下了14年的最高记录571，清华的分数线是681。在填报志愿的时候，我的五个志愿依次是：上海交通大学医学部、南开大学、同济大学、浙江大学、南京大学。在高四的时候，我才明白我的志愿填报的有多么不合理。浙江大学和南京大学，这两所我最不可能上的大学，我还放在了后面两位。最终我被同济大学的医学部录取了。说实话，我本来想的是如果交大医学部上不了就算了，至少南开能上吧，结果南开那年的分数线是648，所以录到同济的时候还是有点失望的。在网上又查了下同济的医学专业，好像5年还是8年，这下就真的不想去了。虽然说我的爸妈都是医生，但我爸妈还是不太希望我选医生这条路，再加上我本身对医学这个行业也没有多大的兴趣，所以开始我们全家都对这个不太满意。后来我虽然也萌生过先去同济读，再考虑转专业的想法，但也最终没能确定下来。就这样，就只剩下复读这一条路了。

复读，轻松走进清华大学

其实在决定是否复读的时候，我真的犹豫了很长的时间。一方面是现实的不如意,另一方面又担心,我 635 的成绩到底会有多大的提升空间呢?又想起应届时跟同学说的一句玩笑话了。在高三的时候,我们班来了一个复读生,甚是厉害。我当时就跟我一同学开玩笑说,要是我复读,一定能考上清华北大。真没想到,最后我竟然真的走上了复读这条路。而在决定在哪复读的时候,我又纠结了。是在恩施复读,还是回黄高呢?为此我和我爸还特地去了我们恩施的清江外国语学校,跟校长咨询了一下;又和高中的班主任通电话,当时班主任就告诉我以我这个成绩,如果回黄高的话,是可以进9班的。这一点真的吸引了我,在应届的时候我都一直想去8、9、10班,我想去体验下这种高手云集的感觉。

考虑了很长的时间,最终还是决定回黄高复读;就这样,我进了 9 班。说实话,当时犹豫回黄高可能还是有点不好意思。我在前面说过,排球是陪伴我整个高中生活的重要朋友,也因为它,我结识了很多比我低一届的球友,如今又要见到他们,开始当然会觉得有点不好意思。但后来也渐渐习惯了。

为了我的梦想,我再奋斗一年,我不丢脸。

在我刚进入9班的时候,还是经历了一段适应期的。那个时候,9班的竞赛只有生物组的结束了,而物理、化学、数学组的同学还在进行最后的冲刺,所以当时整个班上基本上就 20 来个人。人少,算不上什么,关键是班上的整个气氛完全不一样。上课和下课完全没有区别,没有一点的吵闹,大家都坐在自己的座位上干自己的。就连上厕所的人都很少。上课的时候,基本上就是老师在上面讲,极少会点人起来回答问题。对于我这样一个开朗、好动的人来说，开始的那段日子真的把我给憋坏了，作业书还没到，所以做不了作业。好在，在我们那层楼上，还有几个以前认识的球友，所以有空的时候，就去找他们聊天。就这样，过了一两个月，和班里的同学慢慢熟络起来，我也慢慢习惯这样的日子。每个人都有着自己的安排，班主任也把大把的时间交给我们自己支配。所以，后来上了大学之后，我都有种似曾相识的感觉。

高三的学生向来是上学要早点，而在正式开学前，会有一次考试。在复读的第一次考试时，我以680的高分成了年级第二。9班有位特别厉害的女生，当时就考了690多，我当时真的很佩服她，还没经过系统复习，就能考到这么好的成绩。而在后来的日子里，她一直是我最大的学习竞争对手，我不得不说，我的进步与这位竞争对手是离不开的。我在前面说过，我会比较跟别人的差距，然后让自己变得更优秀。我一直清楚黄高的现状，我要想上清华北大，就必须稳定在年级前五。最后证明，在我高四的大大小小的考试中，我得了无数的第二，始终稳定在前五，考得最差的一次是年级第八。

我必须承认复读的第一次考试真的是我高四生涯的一个良好开端。我很感谢班主任把时间交给我们自己的手中，我们9班和其他班不一样的地方就是我们会有大片大片的时间来自习。这些自习不仅让我们有一种自由的学习氛围，也让我们学会自己来安排，自己来扬长避短，更是让我养成了不骄不躁的秉性。在自习里，大家都是安安静静地干着自己的事儿。

而9班的另一个与众不同之处就在于这里有不同学科的大牛。由于9

班是个竞赛班，有后来放弃竞赛，专心高考的同学，也有竞赛失利，转而高考的同学，而他们对自己专攻的学科都有自己的一些心得体会。所以对于我这种好问的人来说，这无疑是最大的帮助。我还记得，当时我会经常问周丽玮同学各种生物问题，当然也会问老师了。我很庆幸我有这么多优秀的同学。

很多人会说，复读的压力非常大。但就我而言，我复读的一年比我应届的高三要轻松许多。首先是学习上的轻松，我有自己的安排，我知道自己的优劣势，我知道我只要稳住自己在年级的名次就行了。而后是心态上的放松，这一年，我都是一个人住，困了就睡，饿了就吃点东西，无聊的时候看点书。我和另外一位复读同学都会在眼保健操的时间里围着校园四处走走，有时是边走边吃酸奶，有时是躺在草坪上吹着风。那位同学最后是去了上海交通大学。

这里我想说的是，自己的生活是自己决定的，你的生活态度同样是自己选择的。我一直用一种乐观向上的态度面对我的生活，即使是在复读的岁月，我从没有忘记要享受当前的生活。

其实，在这一年里，我星期六下午都是打球，晚上也从来都没有做过作业，都是下部自己感兴趣的电影来看，第二天睡得稍微晚点。我一直都觉得学习与娱乐并不会矛盾，只要保证在该学习的时候认认真真地学，适当的休息娱乐是有助于学习生活的。这就需要我们有自己的学习安排了。我记得高考前一个星期，我们有一个星期的自由复习时间，老师都不准进入教室。那个星期，每天下午晚饭后我都会去打排球，放松自己，然后在听听力的时候回去舒舒服服地洗个澡,再去上晚自习。我其实给自己安排了听听力的时间,就算错过学校的,我都会回去自己听,补起来的。

这一年,我一直要求自己要有自己的学习安排。

这也是我为什么能在花费精力在其他事情上的同时,不耽误正常的学习生活。

写到了这里,似乎也差不多了。第二次高考让我成功进入了我梦想的最高学府——清华大学。我终究没有后悔自己曾经的这个决定,我的高中生活终究是画下了一个完美的句点。我也真心地希望还在高中奋斗的学弟学妹们能最终写下自己满意的句点。

点评:

杨阳,人如其名,一个快乐活泼充满阳光的男生。无论在哪里遇见他都会情不自禁地被他自信乐观的情绪所感染。有过高考失败经历,使得他更加成熟稳重,在高手如云的环境中较量,他遇强则强,不断提升,不断超越,最终凭借自己扎实的基本功和良好的心态圆了自己的梦想。

——罗欢老师

轻松学习终无悔

文/何晨辉

姓　　名：何晨辉

录取院校：清华大学 2012 级数学科学系

爱　　好：打篮球、看电影、听音乐和英文歌曲、玩电子竞技游戏

座 右 铭：在你年轻的时候，如果你不能按你想的去活，总有一天你会按你活的去想。

获奖情况：2011 年获全国高中数学联赛湖北省赛区第三名

分数很重要，但是更重要的是对分数追求的过程。若可以学习得轻松快乐，结果自然是无怨无悔。

不知不觉已经在清华园学习了一个学期，再次回到母校，一切都是那么的亲切。

2009 年，顺利通过黄冈中学预录考试，我成功被黄冈中学录取。7 月 15 日，来到这个从小向往的地方，偌大的校园里感觉自己很渺小，但心情还是无比的激动。最先在黄高的学习是新生暑假培训，在此期间将会进行实验班和竞赛班的选拔。那年暑假，天气很热，我的热情也同样高涨。在和一群来自不同地区的"尖子生"学习交流之后，几周的学习和考试告一段落，也到了选择的时候了。初中的时候就听说黄冈中学竞赛很厉害，而且竞赛是除了高考外另外一条走向清华北大的路。凭借着暑假集训期间的良好表现，我顺利进入数学竞赛小组，这是我人生一个重要的选择。

进入高中，竞赛班的同学们都是暑假集训期间的佼佼者。算起来我的成绩只能排名中等，但我天生不是一个注重成绩的人。我是一个遇强则强的人，有这么一群优异的同学和我一起学习，我感觉无比的开心，即使成绩不能在里面拔尖，但是我享受竞争给我带来的充实的感觉。竞赛班平常的学习进度比别的班都要快，周六的时候，各竞赛小组分小组训练，竞赛就是老师给我们讲一些课外知识用来解决一些困难的问题，一来可以巩固课内知识，二来培养我们对学科的兴趣，三是让我们多一条通向名校的路。这也是我们高中学习的一包调味剂，我们在学习新的知识，解决困难的问题的道路上追求卓越，超越自我，享受竞赛给我们带来的快感。当时感觉很自豪，不是因为自己在一个别人看起来很好的班集体，而是因为我比别人多了解一些知识。

平常的课程有条不紊地进行着，周六也和同小组的学生一起学习交流，每次周六下午竞赛结束后，我们都感觉很充实，干劲十足，之后便是一晚上加一上午的小假期了。这时学校广场的喷泉会打开，几个同学一起散步于广场，谈论意犹未尽的题目，我一般会去打篮球，这个时候竞赛给我们带来的便利就是，我们放学比较早可以占到篮球场。高中时期，我很喜欢运动，这也让我有个好身体，身体是革命的本钱，这句话我很赞同。在高一的时候，每个周六晚上我都会在广场看电影，黑压压的一片啊，我们竞赛小组的同学一般会发挥"近水楼台先得月"的优势，在离放映地点很近的竞赛教室搬来椅子坐着看，周围站着和坐在地上的一片人都投来羡慕的眼光。

值得一提的是高中热爱的运动了，作为一个运动能力出众并且热爱各种运动的人，我自然是班上各种班队的主力。每周两节体育课，我都是那几个最积极的人之一，只要能上体育课，我从来就没有缺席过。而很多学霸不同，恰好是只要能不上，就在教室学习。对于这一点，我很不赞成。中国青少年身体素质越来越差，正是缺乏锻炼的结果。大学对身体素质的要求更高了，唯有坚持锻炼，练就一副好身骨，才能面对一些困难和挑战。我最喜欢足球和篮球，高一时候有足球比赛，我代表班上参赛，还进了三球，帮助班级获得了第六的成绩。但是由于人数原因，我们班以打篮球为主，于是我高中就经常打篮球了，体育课还有放假的时候就和朋友一起跳跃飞奔于篮球场上,经常是大汗淋漓地回到教室,晚上回去再好好洗一个澡,是很好的释放压力的方法。总之,高中时期的体育锻炼在我的高中学习生涯里面很重要。即使现在到了清华,我还是坚持锻炼。清华是一所很注重体育锻炼的学校,对体育的要求比一般的学校要高很多。体育,注定是我们学习生活中不可缺少的元素。

高中时期最重要的文娱活动算得上是每周五的教歌时间和各种晚会,如元旦晚会。元旦晚会,同学老师们围坐一团,表演各种节目,享受节日给我们带来的欢乐。最喜欢的还是每周五的教歌时光了,每周五文艺委员会安排好教歌的人,有时候是本班的,但是大部分时间是别班的同学过来帮忙。文艺委员会提前将歌词抄在黑板上,看着漂亮的一黑板字,我们期待着晚上一起唱歌的时刻。那个时候我们会放下一切手上的事,静下心来学习歌曲,悠扬的歌声在教学楼的各个教室响起,感觉无比地轻松愉悦。我也教过一次歌,就像演讲一般,对我是一种锻炼,还算成功,自信的人不会失败。

高中的课表充实而紧凑,每天早上早起是我们应该坚持的好习惯,冬天会早起去跑操,其他的时候会有课间操,这是整天坐在座位上的我们很需要的。上午有四节课,早饭前有晨读,中午有午睡时间,很充足的午睡时间,充分保障了下午的精神,晚上下自习,吹着晚风,带着充实但略微疲惫的身体回到宿舍,晚上一般学习得比较少,睡得比较早,这也保证了同样充实的第二天,早睡早起是好习惯。

上面说了很多课外活动,我认为在我们的学习生活中,它们和我们的学习是一样重要的，对于缓解我们的学习压力有很重要的作用。下面着重说一下高中的学习。

分科前，我们学习9门学科，虽早早地确定我会选择理科，但是我还是在分科前很认真地学习政治、历史和地理。我的观点是既然要学当然要认真学，头脑空白是对我们生命的浪费。文科的学习虽然没有花费我很多精力，但是我不喜欢别人知道的比我多，所以我还是上课的时候认真听讲。我到现在还是很希望能够多掌握一些文科的知识，知识是无穷无尽的，唯有我们抱着一个对知识渴望的心态才能使我们从学习中找到乐趣。分科后学习六门课程，外加一门数学竞赛。

首先说语文吧，我语文很差，算得上是我所有科目里面最差的了。语文的学习我只能根据自身不足，结合身边人在语文学习上给我的支持，得出一点自己的见解。作为一个中国人，语文无疑是很重要的，学好语文对我们的作用甚广。语文作为一门基础科学，不仅仅影响我们的分数，更重要的是它是我们交流的工具，语文重在培养我们的语言能力、理解能力和交际能力，它是我们学习知识的基础。通过语文，我们接受审美、伦理、文化等各个方面的熏陶和教育，它的潜移默化的作用对于今后我们的大学学习无疑是大有裨益的。高中时候我的语文成绩很差，很重要的一点就是，我没有花很多课外时间在语文上。我很少看书，不写日记，也不听广播等等，这使我成为一个说话写文章条理性不强的人。所以，语文的学习除了课堂上的学习之外，应该坚持多看书，一周写几篇日记。我最好的朋友送过我一本书，她写下一段话，告诉我读书的意义，"有时候，陷入了思考的痛苦，生命的不解，困惑着我的内心。什么是爱？什么是生命？什么有意义？……书拯救了我时而焦灼敏感的心。"她说当那些痛苦不可避免地发生的时候，希望我们能够在书中有所收益，希望书籍能让痛苦有意义，希望我们即使偶尔痛苦亦能豁达乐观。越来越多与人的交流让我更加肯定读书的重要性。所以，语文的学习，应该多读书。学习累了，看看书吧，让我们的灵魂在纸上歇息片刻，更能在知识的海洋里面尽情地遨游。

再来说英语，与学习语文一样，我们首先要了解我们为什么要学习英语，学习英语有什么意义。对于英语，毫无疑问它是一门世界性的语言，具有相当的重要性。或许你会说不出国就不需要英语了，这种观点是不正确的。因为现在的世界是你不懂英语，很多东西你就不懂，比如一些标志，一些带英语词语的内涵是什么，电脑里面的很多相关知识。如果你学会了英语，那么你将很好地理解英语的表达内容。所以，在现代的社会，积极学好英语是很重要的一个内容。英语是全世界用得最广泛的语言，在全球化的今天，英语无处不在，我们生活中很多地方都有英语。更重要的是，我们今后的学习和工作都会用到英语，可以说，学习英语让我们的知识面增加数倍。英语的学习，要日积月累。荒废一天，我们就会有退步，逆水行舟，不进则退，所以英语的学习不能够停止。像语文一样，英语应该多看多记还要多说。单词，语法，口语……各个击破才能学好英语。

接下来说一下理综。其实，由于竞赛保送的原因，我并没有过多接触过理综，只有理综各科的学习。理化生，是最重要的三门自然科学，我们学习它们的目的是为了掌握事物的性质和发展规律，培养理性思维和逻辑能力，为我们今后学习更加高深的知识打下良好的基础。对比来说，化学和生物，这两科相比物理记忆的东西稍微多点，但这三门学科都需要我们理解并灵活运用，然后做大量的练习，巩固知识，运用知识解决题目。总而言之，理综的学习，我认为除了应该吃透课本，还要在课下做大量的练习，举一反三方能学好理综。由于没有经历过"高考"，所以对于理综的学习仅仅停留在高一高二对知识的掌握上，并不系统，在此不多赘述。

最后说一下数学。数学对我意义重大。中考完后的那个暑假，我选择了数学竞赛小组，这是一个改变我人生的选择。初进数学小组，并不了解数学竞赛，也没有提前学习高中知识甚至大学知识，在暑假集训的时候就见识了一些懂很多超纲知识的"大牛"，但是从小数学成绩就很好的我并没丧失信心，那个时候我没有很看重最终的成绩，而是觉得参加竞赛使我自己更加突出，享受那种成就感。

说到数学竞赛，就不得不提我的数学老师兼竞赛教练罗老师了。罗老师是一个很年轻的老师。我们是他带的第二届，由于罗老师第一届毕业班优异的成绩，学校委以重任。年轻老师第一次带竞赛很有热情，但是略显经验不足。高中数学常规课程内容少而且简单，而对于一般学生来说，我的建议是把课本知识掌握好，然后做几本习题书。数学和理综有一点很重要，那就是讨论，老师经常叫我们学生自己相互讨论，甚至叫学习成绩好的同学上台代替他给同学讲课，这样做的好处是讲的同学对同学们可能遇到的问题比较了解，听的同学比较有新鲜感易于接受，对全体同学都是很好的方法。而数学竞赛，在高一的时候老师主要给我们讲数学竞赛的课外知识，知识分四大块，代数、几何、数论和组合，老师每次讲知识后都会给我们一些题目做，我们一般是自己先做很久，有些很困难的题目做不出来就互相讨论，同学们都热情高涨。

不过，毕竟竞赛的学习占用了很多课下的时间和周六整天的时间，影响到了常规课程，如果竞赛上不能取得好的成绩的话，必然会对高考产生影响。所以，在高二的时候，有几个同学退出了数学竞赛小组，其他几个竞赛小组也是如此。我从未考虑过退出竞赛小组，这里面离不开罗老师的器重和教育。相反的，倒是我的父亲，因为担心我，与罗老师有过一次深入的交谈。在交谈中，罗老师对我寄予了充分的信任与期待，也让父亲放宽了心。老师、家长的全力支持，成为了我坚强的后盾。当然，对于我自己，肯定是想要更好的成绩的，在高一过后，大家对知识的掌握都差不多。关键的一年，高二这一年，大家都在竞赛上投入了更多的精力，学习压力也变大了，因为对于竞赛生来说高二就是"高三"，若不能在竞赛上取得成绩，两年来竞赛上花费的精力基本上就可以说是白费了，我也不例外，高二的时候买了大量的竞赛书籍。知识基本已经讲完了，罗老师高二的时候就更加注重对我们解题能力的培养了，老师给我们提供了大量的资料，海量的题库。周六给我们做一套模拟试卷，周六晚上看电影的同学也慢慢少了，大家都在竞赛题中费着脑细胞。我在周六还是会去看看电影或者上上网的，我推崇劳逸结合的学习方法，学习的时候专心地学习，要能深入，玩的时候尽情地玩，要能开心。这就是高二的基调了，竞赛占用了常规课外大部分时间。大家在高二大量习题的解答和讨论下，数学成绩越来越好，对竞赛也越来越有兴趣和信心。

在这期间，罗老师带我们出去培训过几次，感觉都还不错，能够有大学的教授给我们指点迷津。印象最深刻的是高二的时候去福建参加国家集训队集训活动的旁听了。在福州一中，大学的教授和高中的金牌教练给集训队员和旁听生们讲解了更加深入的数学竞赛知识，还给我们讲了竞赛题目该怎么出，让我们了解竞赛题目的规律，对我们解决数学竞赛题目有很好的作用。集训期间进行了三次大考，分为六次小考，每次考试三道题，考四个小时。最终考试成绩在分数上很不好，但也不算太差，这也让我见识到了高难度数学竞赛的残酷，让我认识到自身差距，于是我便开始提升难度，让自己更能在竞赛中脱颖而出。高二暑假，老师放了我们几天假后就到学校开始专门参加数学竞赛训练了，开学后也听课到10月的数学联赛，这期间老师给我们很多国内外的题目做，给我们提供了配置有空调的专用教室，希望我们能够在这么好的条件下专注竞赛，几个月的时间基本都花在了竞赛上了。到了最后的联赛，同学们都表现得很好，我也如愿进入数学冬令营，被清华大学数学科学系提前录取。

保送之后，就没有回到原来的班上了，我们保送的同学一起在一个教室学习加娱乐，那段日子相比之下过得比较空虚。我也很遗憾自己没有经历过传说中的"高三"，但那段竞赛的"奋斗史"还是让我很留恋。最后的高考，班上参加高考的学生也大都取得了好的成绩。

现在，大学已经半年，回顾那段往事，心里还是留恋不已。感谢黄冈中学让我拥有不一样的学习生涯，圆了我的清华梦。忘不了母校的谆谆教诲，在清华我还是会努力活出精彩的自己，最后以清华校训结尾：自强不息，厚德载物。

> **点评：**
> 　　聪明、活泼的男生，性格开朗，喜欢运动，还略有点调皮。学习勤奋，喜欢数学，平时喜欢和老师同学一起探讨数学问题。搞数学竞赛很辛苦，期间也充满了挫折和艰辛，但他不畏困难和挫折，一直不断地坚持和努力，终于在自己执着的坚持中收获了成功和快乐。良好的心态，自信乐观的精神，不屈不挠的品质是他获得成功的关键。
>
> ——罗欢老师

我也曾和你一样走过高考

文/余乐

姓　　名：余乐

录取院校：清华大学2012级法学院

爱　　好：吉他、排球、听歌……

座 右 铭：Follow your own pace。

获奖情况：大学之前的忘了，大学里还没有能拿得出手的……

从接到这个任务起,我就一直在考虑自己要写的主题是什么。

我的"高中奋斗史"吗?太夸张了。高中三年,谁不是天天嚷着苦大仇深,面对着在自己狭小的空间内找都找不到地方安置的参考书发愁,每天在教室、食堂、寝室三点间做有规律的平移,总抱怨自己好忙好累,但也忙里偷闲,最火的小说、动漫和电视总不会落下,还享受着瞒过老师家长的快感。每个人都有一部自己的奋斗史,我的和你的内容几乎雷同。

从黄高到清华的心路历程吗?太矫情了。而且,坦白地说,我不算是一个有理想的人,更不是一个目标明确的人,还算得上是一个对自己很没有自信的人。在高三上学期快过完的时候,还是没有想好自己想考哪所大学,也不清楚自己的实力考得上哪所大学。对清华北大是没有奢望过的,虽然从高二起已经连续拿了很多次年级第一,但为了让自己的小心脏不要因为所谓荣誉那么的躁动不安,我总对自己说:"以前在你前面的人掉下去了,你也有随时被超越的可能。"、"平时考得好,在高考上落马的例子还少吗,平时的成绩都是浮云,浮云……"可能对自己的"打击"太多了,对自己的定位一直不是很明确,对理想的大学和专业也没有什么执念,总想着走一步,看一步,就这样一步一步走过来了而已。所以,我对清华没有什么特殊的情感,从自招到高考,一路走来,我没有时间想什么,也还来不及想什么,没有什么值得分享的心路历程。

就和大家随便聊聊吧,跳脱高中生活一年后,来想想自己还记得什么,觉得什么最珍贵,最希望自己把什么做得更好。因是自己随性之笔,对各位学弟学妹不一定有帮助,只希望在你们最紧张的时候告诉你们,刚刚走过这条路的我们也和你们一样，在辛苦时抱怨过，在取得一点点小成绩时沾沾自喜过，在找不到奋斗的动力时颓唐过，在努力得不到回报时伤心失望过，我们没有你们想象的那么厉害，那么神奇，你们现在经历的我们都经历过，我们已经做到的你们也可以做到，而且会做得更好。开始聊聊吧，想到哪里聊到哪里。

我一直很欣赏我高中的班主任秦老师跟我说的一句话，"要让成绩追着你跑，不能你追着成绩跑。"你们现在看到这句话的想法可能跟我第一次听说时一样，觉得秦老师是在故弄玄虚。想要什么样的成绩和荣誉当然是自己去追求，怎么可能让成绩追着你。其实，秦老师跟我说这句话的背景是，我得知自己得到清华大学25分加分后的两次月考成绩都不是非常理想，从年级第一滑到了10名开外。当时我自己非常郁闷，因为出现这种情况，一般人肯定会觉得是我骄傲自满，对自己放松了要求，只有我自己最清楚，我并没有，相反，我怕自己会骄傲，所以一直在告诫自己，"你还没有进保险箱，高考分数加上25分考不上清华也很有可能，如果那样，你就前功尽弃了"，只有我最清楚，我不仅没有，为了弥补自己因准备自主招生而牺牲的时间，我甚至更加努力。但是，结果让我有一种无力感，甚至连原因都找不到……我多么庆幸，秦老师没有指责我，没有认为是我骄傲了。他知道我不会这样。而且他还帮我找到了原因。他跟我说，之前，我从来没想过要考什么学校，从来没有想过一定要在年级拿到什么名次，只知道心无旁骛地学习，不带任何功利性，但是自己把该做的做好了，该获得的荣誉和奖励，该是你的资源和机会，都会自己找上门。现在目标明确了，我总想着，自己一定要考年级第一，一定要考上清华，想的东西多了，能真正静下心来学的时间就少了。当时他说过之后，我顿有醍醐灌顶之感，是啊，知道了自己想要什么，满心想的是自己想要达到什么样的高度，却忘记了脚踏实地的努力。当时没有心思想太多，等一年后的自己再细细回想时才明白，在高考这条路上，有目标，是好事，勇敢地去追。没有目标，也不要有挫败感，相信我，对于高考来说，目标不是那么的重要，说不定没有明确的目标还是一件好事，你还可以心无杂念，毫无顾虑地去奋斗。不知道终点在哪里没有关系，反正高考是一条单行线，不用担心走错路，只要一直向前，走得越远越好。

接纳自己，肯定自己，善待自己。我一直觉得给自己心理暗示很重要。临近膨胀时的自我冷却和遭遇低潮时的自我鼓励一样重要。对于大多数高三的学生来说，面对那么多次的考试、那么凶猛的对手，可能较少有需要自我降温的时候，大多数时候会陷在悲观和失望的负面情绪里，甚至怀疑和苛责自己。我当时也有过这种纠结，因为自己没有感兴趣的学校和专业，甚至对每所大学每个专业都知之甚少，每次听到别人滔滔不绝地讲自己对某所学校心向往之，对学校的相关信息如数家珍，对某个专业特别有兴趣，我都觉得自己弱爆了，觉得自己眼前一片迷雾。这次回学校也有不少高三学弟学妹问我，到现在还没有明确的目标怎么办。就像我已经说过的，告诉自己，既然找不到目标，就干脆不要目标，轻装上阵，说不定会比别人做得更好。或许还有不少对自己要求严格但是没有太好的自制力的同学也常常苦恼，每个周末都背了一堆书回家想好好复习，但是总抵抗不了电视、电脑的诱惑。每次放松完,背着没有打开过的书包回到学校时,又懊悔不已,担心是不是只有自己一个人白白浪费了这美好的周末。我之所以会这么清楚这一系列的心情,是因为当时我的每个周末都是这样过来的。不过后来我就释然了:因为我知道在学校的每一天、每一分我都没有浪费,我都有充分地利用,我都做到了问心无愧,我允许自己在周末好好放松一下,如果别人在周末仍用功念书,没有关系,放松后的我以更饱满的精神状态投入学习是一样的。后来我才知道,基本上每个人的周末都是这样过来的,因为虽然我们在高三,但我们都是人、不是神,我们的弦不能时刻紧绷,我们需要放松,也要允许自己放松,劳逸结合虽是一句老话,但绝不是一句废话。类似的,当我们对自己产生怀疑时,学会接纳这样的自己,肯定这样的自己,善待这样的自己,使自己时刻保持自信,也保持继续奋斗的动力。

学习和社工的关系是一个经典的话题,到了大学它们之间的矛盾将更加激烈。很多家长甚至部分老师反对同学参加学生工作的原因可能有以下几个,首先觉得做学生工作是在"过家家",没有任何意义,更有可能是担心做这些工作会耽误学习的时间,还有一部分是因为同学自己没有把握好学习和社工的关系,放错了重心,在两者之间失去了平衡。这三个担心都非常有道理,我不是"两耳不闻窗外事"的类型,但也并没有参与太多的学生工作,算是个中间派,所以就拿我自己的经历说事儿吧。

在黄高三年,我当了两年的班长,两年的广电部部长,其实现在想想,都记不起来自己具体做过什么,班长不过是维持下纪律,负责上传下达,和其他人一起组织一些小型的活动,广电部长也不过是每周搜集和审阅广播稿,在播音员和广播室老师之间做协调等,做的都是一些很琐碎的事情。可我真的从中学会了很多东西,我知道了怎么把学校和老师的要求以一种同学们容易接受和理解的方式传达下去,我知道了怎么把一件事用所有人最省工的方式安排下去,我知道了同学们最希望组织和参与怎样的活动,我知道了怎么处理和别的班干部之间的分工和合作,我知道了当稿件的数量和质量不达标时该怎么办,我知道了播音室老师和播音员在时间安排上出现矛盾了要采取什么应急措施,我知道了当别的人干活累了、烦了、不想干了的时候要怎么安慰、鼓励他们。这些都是非常容易的事情,几乎所有人经历过一次就会了,但不经历的话就可能永远不会。还有一些更重要的东西,比如责任心,比如安排时间的能力,不管以后从事什么工作都是需要的。当然,这些能力以后还有很多锻炼的机会,但是,学校,特别是中学,是一个允许我们试错的地方,是一个我们为自己的错误付出的代价最小的地方,所以,个人觉得,如果一些能力必须具备而又需要锻炼的话,没有哪个地方比学校更合适了。同时,我必须承认,我是一个比较懒而且缺乏创新的能力和勇气的人,所以在参与这些学生工作时,我做的都是最常规的工作,很少有什么大胆的突破,但我已经从中获益不少,如果你愿意尝试,你会做得比我更好,你的收获会比我更多。

或许到大学后,我们才会真正明白社工的含义,它确实是一项很花时间、耗精力的工作。但是在高中阶段,我觉得其实两者之间并不存在太大的冲突。高中的学习任务确实很重,但并不是重到没有一点时间做别的事。

只要自己不是大包大揽了太多自己能力范围外的事情，再加上合适的安排，其实是不会耽误学习的时间的。我自己还不能算一个成功的例子，就搬出在大学里接触的一些社工、学习双肩挑的人来以身说法吧。学弟学妹比较熟悉的是黄冈中学09届文科状元，潘朝强。高中时，他先后担任了学生会主席和学生团总支书记，同时兼任班长，学生工作做得风生水起，照样不耽误学习。还有去年在网络上引起轰动的清华"学霸姐"马冬晗也不是很多人误以为的书呆子，她还先后担任了院团委副书记和院学生会主席。还有无数事实说明，搞学生工作和耽误学习没有必然关系，相反，那些特别会学的往往也特别会开展工作。

当然，我必须要老套地说，高中阶段，学习为主。其实，家长和老师最担心的是孩子把过多的精力放在了这些"与学习无关的事情"上，所以对学生工作有兴趣的同学，最重要的是给自己定好位，给自己预备承担的每件事一个适当的权重。的确有通过参加一些非常有分量的国际级、国家级活动而受到高校青睐拿到特殊优惠政策的学生，但非常遗憾却也非常现实的是，我们并不具备这个条件，所以不管多有这方面的能力，高中时期的重心都最好不要放在学生工作上。如果真的有很强的能力，不妨通过自己的努力去争取一个更大的舞台，留待日后尽情展示。

最后想说的是经历了半年的大学生活后自己最大的收获：Follow your own pace，针对自己的实际情况调整自己的学习节奏。很多人问我，到了大学是不是比高中轻松多了，说实话，我的感觉是，没有。可能因为身边牛人太多了，每个人都那么厉害，会感觉有一种无形的压力。在这种压力的支配下，我不由自主地开始在意别人今天学到了什么是我还没明白的，开始关注别人是不是有什么比较好的学习资源是我没有的。总之时时刻刻把自己放在一个和别人比赛的状态中，别人做了什么，自己也一定要做到，时刻紧跟别人的脚步，失去了自己的节奏。一段时间下来，突然发现自己很忙很累，却好像什么都没有收获。可能人在竞争压力比较大的时候，会不自觉地把自己和别人放在一起比较，未为不可。有一个希望超越的对手，肯虚心借鉴别人比较好的学习方法是很好的事情，但是一定不要亦步亦趋，别人的学习计划可能只是针对他的兴趣和薄弱环节，并不适合你。每个人都有自己的学习习惯和特点，不一定有好坏之分，重要的是你要清楚自己适合哪一种，坚持下去就好。一味跟着别人，不仅收之甚少，可能还会拖垮自己。

　　提笔之前，总不知要写些什么才好，毫无逻辑，不讲章法写到这里，但突然觉得，其实想说的还很多很多。想提醒你们要懂得选择，想告诉你们要利用好零散时间，想告诉你们经历过高考后会觉得，它真的没那么难，不用太紧张……但是我知道，别人的经验永远是别人的，自己脚下的路必须自己经历，我们能做的，只能是告诉你，我们也曾和你们一样忐忑不安，也曾和你们一样患得患失，也曾和你们一样把考入理想高校的学长学姐放在遥不可及的高度上，但其实，没有那么难，你一样能做到。只要用心去经历了，每个人都会拥有属于自己的精彩。

　　最后送给大家我的班主任在2012年6月8日，我们结束高考的那一天，写在空间里的一段话，原作者是韩寒。"高考结束了，马上又将会有这么一群孩子，迫不及待地扔下书包，去聚餐，通宵上网，旅行，KTV，闲逛，狂欢……以为自己马上要进入天堂……殊不知，你们离开的，才是天堂。"或许你还在和一年前的我们一样，痛骂这个牢笼，但是，离开后，和一群已天南地北的同学在群里畅聊时，听说我大黄高点点滴滴的变化时，听到来自全国各地的人对它的景仰崇拜时，你会知道，其实，她很美好。还有几个月，请珍惜。

点评：

看了她的回忆，对于高中生我的建议是：一要勤奋，努力不一定有回报，但是不努力肯定没有回报，何况很多人比你牛，而且比你更勤奋。二是任何时候心态都很重要，高中学习和生活肯定会有起有落，如何用合理的心态面对成功和失败，决定了明天的天空会有多广。三要做好自律和坚持，每位同学都能很容易地发现自己的不足，而要改正，需要自律，自我约束，并且坚持，能不能做到，决定了你的不足能不能得到弥补，并最终取得进步。

——秦鹏老师

努力！奋斗！不留遗憾

文/马志威

姓　　名：马志威

录取院校：清华大学 2012 级数学科学系

爱　　好：喜欢打棒球、羽毛球，也喜欢看电影、看美剧、读名著小说
　　　　　最喜欢的美剧是《老友记》，最喜欢的小说是《生命中不能承受之轻》

座 右 铭：消极的思想带来消极的人生，积极的思想带来积极的人生。

转眼间我已经从黄高毕业了大半年了,大学也已经过去了半个学期。在穿梭于车水马龙的大学校园的时候,在食堂排队打饭的时候,在深夜躺在寝室床上的时候,我常常会想起在黄高奋斗的那段难以忘怀的时光。

我跟大部分通过高考考上清华的同学不同,我是通过数学竞赛保送上的大学。后来我也得知我们系也有许多同学是通过保送上的大学。大学里面有各路大牛,你的同学中就有许多各科成绩都非常优秀的人。多亏了有高中在黄高的竞赛经验,我对许多基本方法,像不等式放缩、数学归纳法都比较了解,因此对付平常的课程还是比较轻松的。正是有了在黄高打下的基础,才使得我能在更短的时间内完成老师们布置的任务,有更多的空余时间来做自己更感兴趣的事情。

还有一件让我印象十分深刻的是黄冈中学在外的名气。每当我跟其他同学提起我是黄冈中学毕业的时候,他们大都投来钦佩的目光,然后再感叹一句:"原来是黄高的呀!"每当这个时候,我都为我是黄高人而感到无比自豪。

初进"竞赛班"

一提起黄高,就有无数回忆涌上心头,它们中许多就像是昨天才发生的一样。我是从外地考上黄高的,记得当年我还是冒着被原来学校开除的危险来黄高报名参加考试的。结果很幸运被黄高录取了,不至于落得个没有学上的地步。又经过了一个暑假的集训,我被选上进入了黄高的"竞赛班"。我记得在一次考试后,当时我的数学老师,也是后来带了我们三年的数学老师兼班主任的罗老师，把我叫到他的办公室，仔细地给我分析了学习竞赛的利弊，鼓励我学习数学竞赛。他知道我还是想把重点放在高考上，就通过以前的例子告诉我竞赛对高考的影响并不大。我后来参加数学竞赛很大一部分原因是罗老师的鼓励。

我们班上总共只有四十个同学，是年级上人数最少的班。被选来的都是各科成绩都很优秀，还对一些理科课程有兴趣和特长的同学，在这样一个重点班上呆着当然会有一些压力。在开学的时候班主任就告诉我们："你们都是很优秀的学生，但是考试的排名总会有先有后。我希望大家不要因为一次的考试成绩不理想就放弃自己。你即使是班上的最后一名，也是有潜力的。"面对压力，我常常鼓励自己要知难而上，尽自己的努力做到最好。

融入高中生活

刚上高一的时候，我把大部分的时间都花在高考课程的学习上，只是在老师安排好的每个星期六的时候看看竞赛书。我记得我当时最感兴趣学的并不是数学，而是化学。一方面是化学这门课程的确有着其魅力，另一方面还是因为我们有一个十分幽默风趣的化学老师。当时教我们的是熊老师。熊老师讲课一点也不呆板，课堂气氛十分活跃。他常常在课堂中穿插一些小幽默，引得全班同学哄堂大笑。熊老师为人也十分和蔼，愿意和同学讨论问题。我在学习化学的过程中也总结了一些经验。我觉得要学好化学，要记忆的东西肯定少不了。但是作为一门理科课程，化学也是一门重点在于理解的学科。比如说记忆化学方程式，化学中的方程式可以说是不计其数，你如果一个个硬背，那工程量就太大了。你如果知道物质的性质，再根据物质的性质来推测反应产物，记忆就变得简单得多。你如果一味的死记硬背，不重视化学原理的应用，只会越来越让自己觉得化学是一门枯燥的学科，就越难学好化学。还有一点就是要在课堂上做好笔记，做好笔记不仅方便你以后查阅，而且还会让你对所学的内容更加熟悉。有些东西光靠看可能很难记住，通过将它抄一遍你会有更加深刻的印象。

让我印象特别深刻的还有语文课。我的语文底子不好，学习语文比起其他人有更大的困难，但我还是很喜欢上语文课。语文课上老师常常会根据课文提出一些有意思的问题，比如像课文中的一个词的作用或者作者的思想感情是什么。由于每个人对语文问题的理解方式都不同，因此每节课都像头脑风暴一样，新的想法一个接着一个。我记得当时班上很多人在看《读者》和《青年文摘》这两本杂志，有一个人买来了，大家就争相传阅。在课间的间隙，或者晚自习做题累了看一下其中的文章，能让紧张的大脑暂时放松放松。我记得书上还有一些像数独这样的趣味问题，做起来也特别有趣。

高一的时候由于高考、竞赛压力都不大，因此大家还是有很多课余时间。在课余时间，运动成了大家的首选。黄高有许多篮球场，还有一个标准的足球场，运动场地资源十分丰富。在众多的体育运动中我还是最钟情乒乓球。黄高有二十多个乒乓球台，每天下午下课后都有一群同学去打球。我的球技原来并不高，但在不断与同学的较量中得到了很大的提高。上了大学后，我凭着乒乓球的技术进了我们系的乒乓球队，继续坚持了这个爱好。

最期待的还是每周一次的"电影时间"。每周六晚上学校会利用广场上的大屏幕播放一至两部电影，放映的大多是新出的大片或是经典的老片。这对像我这种很少有机会上网，又不愿意出钱去电影院看电影的人确实是一件极好的事。我记得每当学校要播出一个热门的片子，就会有许多同学早早地搬个凳子占到中间的位置，后面来的同学只有两边的位置了。正是学校提供了这样的机会，因此像我这样高中很少外出的人，也看了不少电影。

高效学习

高中的学习的确是并不轻松，在面对一张张试卷、一套套习题的时候，每个人都会多多少少感到有点力不从心。在你已经感到疲惫的时候，就不要再逼自己学习了，因为这个时候是你学习效率最低的时候，再看书也只会事倍功半。这时你应该马上停下来，尝试做点别的事，比如去打打球、听听歌或者找朋友聊聊天，放松一下疲惫的身心，等到感觉好一些的时候再开始学习。适当的劳逸结合可以保证你学习时始终保持高效，不会感到学习没有动力。

高中要学的课程很多，特别是我们班的同学要同时兼顾高考和竞赛两方面，高效的学习就变得很重要了。要做到高效地利用时间来学习无非只有两种方法：一种是把所有事情安排在一起做，每天完成每件事的一部分；

另一种就是抽出某一段时间专门做一件事。相比于两种方法，我更加倾向于后者，这也和我们班的教学有关。我们班上课的进度比其他班要快一些，但是平时的期中期末考试是年级统一安排的，所以我们考的都是很早以前学过的知识，那就难免会有些遗忘。于是我就在考前一两个星期专门复习前边学的内容，由于之前已经学过一遍，复习起来也并不吃力。在平时我也习惯于用一段时间来专门补某一门功课，这样学得比较精，效率会更高。你可能看到一些同学平常没花多少时间学习，最后也能取得好成绩。其实别人是有高效的学习方法，虽然花的时间少，但是得到的知识并不少。

难熬的高二

大部分高中生最难熬的时光是高三，而我则是高二。

开学没多久就迎来了高中数学联赛，班上搞数学竞赛的同学都报名参加了。由于准备得不充分，这次大家都感觉考得很不好。我感觉考的结果和预期相差很大，感觉一年的竞赛学习都变得没有意义了，没有继续学下去的动力。这时候刚好有一些同学退出了竞赛小组，专心准备高考去了。数学老师一次找搞数学竞赛的同学谈话时，我跟一些其他同学都表示不想继续搞竞赛。后来老师还是劝我继续参加竞赛，让我不要太在乎这次考试。最后我还是决定坚持下去。而我也知道如果明年再没取得好成绩，留给高考的时间就不多了。可是既然选择了这条道路，就只有硬着头皮往前冲，想太多也没有多大意义。

一进入高二，班里的气氛就紧张起来了。决定放弃竞赛的同学正忙着赶因为搞竞赛而落下的课程；继续坚持竞赛的也都准备背水一战，来年一定要取得好的成绩。每次到教室，都会看到一个个埋头苦学的身影。在这样的环境下，我也只有跟其他人一样每天埋在书堆里，刷着一道又一道的习题，似乎只有通过不断地刷题才能获得解救。那段时间我每天都承受着很大的心理压力，害怕自己会失败。越是害怕失败，就越拼命看书、做题。有时候一直学到深夜，还不愿意停下来。可是越是拼命学，就越学不进去，每天都是依靠那似有似无的希望浑浑噩噩地过日子。这样的状态持续了几个月，直到有一天数学老师告诉我一个消息。

原来学校有一个去俄罗斯参加比赛的名额，老师经过考虑后把这个名额给了我。我得到这个消息后既觉得高兴又感到有压力，但是这也让我找到了更加明确的学习目标。老师让我列一个学习计划表，把什么时间该看什么书列下来，再按照列好的计划去实行。他还安排我每个晚自习与一个高我一届学长一起学习。那个学长当时已经进了冬令营，同时也被清华大学提前录取了。我当时跟他交流了很多关于竞赛的经验，也对今后的学习道路有了更加明确的概念。后来在出去比赛前我又到外地去学习了一段时间，加上出去考试一共离开学校有一个多月的时间。学校的课程落下了不少，但是由于有机会离开了学校一段时间，在外面见识了更多的人和事，我原来的不良情绪得到了大大的缓解，使得我更能沉得下心来看书。

高二结束的那个暑假是在学校度过的。老师为了能给我们一个更好的学习环境，特地找了个有空调的教室让我们看书。我记得当时每天的任务就是上午做一套试卷，下午改错题，晚上自己看书，基本上每天都重复着昨天的工作。多亏了有十来个跟我一起搞竞赛的同学为伴，生活才没有显得那么单调。我记得当时每天下午吃完晚饭后我们一群人就顶着酷暑去运动场打篮球或者乒乓球，然后回到教室又开始谈天说地。话题很多，但是谈得最多的是对未来的憧憬。是呀，一场重大的考验就在不远处了，让人如何不浮想联翩呀。在我的印象中，那个暑期过得很平淡，一切都是井井有条，一切都是向着目标在前进。整个考试前的时光过得似乎都是那样平淡，那样平淡。

别离

竞赛结束后，我由于各种原因很少再回学校去了。我每次回去看到还在为高考而努力奋斗的同学时，还是暗自庆幸自己当初的选择。在不知不觉中半年的时光匆匆过去了，毕业季悄然来临。最后到了出成绩的时候，又是几家欢喜几家愁。但看到有些同学录取的学校与理想的大学有较大差距时，我还是感到不公，他们一直都十分优秀，他们最终的成绩相对于他们三年踏实的学习确实是不公的。

从黄冈中学我学到的不仅仅是课本上的知识，更多的是对人格的培养和与人相处的能力，这是我以后能继续学习下去的必要条件。

在黄高我培养了良好的心态。我们班主任常说的一句话就是"谋事在人，成事在天"，这也成为了我们班的人对待考试的座右铭。许多事情谁都无法预料到结果，就像考试的成绩，而你能做的就是把自己该做好的事情做到最好。不管结果如何，你已经尽力了，你就不会后悔。我每次都是抱着这样的心态去考试：考前尽心复习好，考试就当作对自己所学知识的检验。有了这样的心态，考试自然不会紧张。

要好好地与你的同学相处，同学几年还是可以建立很深的情谊的。我觉得最主要的是真诚对待你的同学。你有比你强的同学是你的一种宝贵资源，千万不要作为一个很大的压力甚至威胁自己。你有什么好的想法，应该及时跟你的同学交流。萧伯纳说过："你有一个苹果，我有一个苹果，我们彼此交换，每人还是一个苹果；你有一种思想，我有一种思想，我们彼此交换，每人可拥有两种思想。"你在与同学交流的时候，可能会得到更好的想法，这样你又会得到另一种解决问题的办法，何乐而不为呢？

高中是一个人思想逐渐走向成熟的关键阶段，一个高中生应该在此时逐渐形成自己的价值观。你要有判断一件事物好坏的能力，形成自己的判断，学会独立思考而不是人云亦云。只有形成自己的价值观，才能形成独立的人格，才能在今后立于不败之地。还有就是要尽量多读点好书，先人的智慧能带你更好地认识你所处的社会，使你能形成正确的价值观。千万不要为了重复的学习而放弃了独立思考的机会。

到了大学，你会发现你身边会出现许多有各种特长的人。有的能在校运动会的赛场上展现英姿，有的在各种晚会上一展歌喉，有的在辩论赛上激情雄辩……这些人的出场常常能带来鲜花与掌声。如果你也有某项特长，请不要因为繁重的学习任务而放弃了它们，它们能让你变得与众不同，会给你的生活增光添彩，这将是你今后的一笔巨大的财富。

最后最重要的一点是不要把自己的高中比作炼狱。生活的本质就是平淡，能从平淡的生活中体味出独特的味道，才能明白其中的浪漫与情趣。从解决难题中获得成就感，从文学作品中获得心灵的陶冶，这些都会让你发现知识的魅力，让枯燥平淡的学习生活变得丰富起来。其实，就算是炼狱又何妨，当你忍着剧痛，穿过一片片荆棘丛后，蓦然回首，你会看到满山遍野开满了绚丽的杜鹃花。

> **点评：**
>
> 记得第一次见到马志咸就给人留下深刻的印象，帅气阳光的形象，腼腆的性格，老师面前常会紧张而说不出话来。他学习勤奋，喜爱数学，当别人周末出去休息玩耍的时候，他却将自己沉浸在数学题中，享受数学中蕴涵的智慧和快乐，一分耕耘一分收获，正是这份执着和坚持，成就了他的理想。
>
> ——罗欢老师

文科,就这样学习

文/文秀泽

姓　　名:文秀泽

录取院校:2012年高考考入中国人民大学

爱　　好:排球、吉他

座 右 铭:天道酬勤。

获奖情况:导演话剧《雷雨》获校内话剧比赛一等奖

进入大学快一年了，回想过去，真觉得韶光易逝，岁月如风。马上又是高考了，而我写这篇文章绝非是要把自己的成长经历作为一个优秀学生的范例，而且我也从来不认为自己是一个顶尖的好学生，只是想借此机会能够给那些仍然彷徨、恐惧高考的学弟学妹们一些鼓励和一些经验吧。

顺其自然

回望我的童年一直到现在，"顺其自然"这四个字在我的生命中已留下深深的烙印。从小我就是个不安分的女孩子，别的女生学唱歌跳舞，我却去学乒乓球和排球。且不说经常被认成男孩子，还偶尔会被长辈们笑话。可我不在乎别人说什么，只想着要做自己想做的事情。也许那时的自己看起来有些"异类"，但是现在的我十分感谢那段年幼执拗的坚持，正是那时的"凭兴趣学习"让我学会了排球、乒乓球和羽毛球，也正是那时的顺其自然让之后的我除了学习仍然能有令自己骄傲的地方。而这些爱好在紧张的高三生活中也起到了很大的作用，每当我觉得压抑郁闷的时候，只要打打球，就觉得那些学习上的困难也没什么可怕的。当头脑得到足够的放松时，再投入学习也能有一个更好的心理状态。

不光生活中顺其自然，学习上也无须强求。记得三毛曾经说过，世间万物都是有时间的，该来的总会来的。不能急于求成，其实我刚进黄高的时候成绩并不突出，只是中等，当时的我无意于关注未来是什么，只想着尽力做好眼前的事。读书其实是一个厚积薄发的过程，这意味着高考是场持久战，没有常胜将军，也没有永远的失败者，只有当你积累到一定程度，你才能一鸣惊人。所以在积蓄力量的过程中，不要好高骛远，贵在坚持，一步一步踏实地往前走，不知不觉中你就达到新的高度，而当你有了一定的实力的时候，自然就会清楚自己要的是什么了。拿我自己来说，我从没想过要争第一，考进了前五名的时候就想着能这样保持下去就好了，但在高二下学期的时候，我第一次考了班上第一名，这让我自己都有些意外，于是我就对自己说："好好干，坚持下去就好了。"也是在那时我才决心要考人大的。

很多时候，我们的压力都源于我们对自己的期望。有志气固然是一件好事，但是如果因为志向太高，反而觉得难以实现，不付出努力，这是很令人惋惜的事情。顺其自然不代表放任自流或是空想主义，而是要确定一个合适的目标，能够通过具体的规划来实现。

勤于总结

从小到大我就讨厌上补习班，拒绝做任何奥赛题，说来也是羞愧，就连一本课外习题册都没有完整地做完过。不过任何事情都是双面的，厌恶题海战术的好处就是让我养成了总结的习惯。由于练习的题量有限，所以我必须要提高效率，争取达到以一当十、举一反三的效果。而做到这一点的唯一的办法就是多总结。尤其是学数学，每当遇到自己不会的题目时，就要认真分析题目的知识点，对于有多种解法的题目，更要多做积累，做到全面掌握。很多同学都习惯了被动接受老师传授的知识，总是不愿意自己动手归纳知识，只是漫无目的地做题，这样往往容易事倍功半，是很可惜的。对于文科生而言，政史地三科内容多，知识点杂，记忆的难度比较大，要想系统地把握就更需要经常总结，把一本书浓缩成一张纸，整理出知识框架，用自己的理解去不断发现新知识，总结的同时也是思考和再学习的过程，这既能锻炼学习的能力，也有助于学业上的进步，何乐而不为。特别是高三的时候，所有的知识一拥而上，此时若不能保持头脑冷静，有一个清晰的知识框架，势必会影响效率和心态，所以要多总结，特别是每次考完试对试卷好好分析，通常一张试卷会涵盖比较重要的知识点，相对练习题更加系统，因此珍惜每次的考试机会，不要太在意结果，转而关注失分点，积累错题，保证同样的错误不犯第二次，无形中就会提升学习效率，取得进步。

坚持个性

到了高三，很多同学都会有些盲目。老是看着别人在干什么，自己也跟着干什么，结果永远都没有自己的学习计划和安排。殊不知最好的学习方法恰恰是最适合自己的学习方法。坚持个性意味着我们要根据自己的实际情况来安排自己的学习进度，没必要什么安排都要和成绩最好的那个人一样，这就像买衣服，她穿着好看不代表你穿着就好看。每个人的时间都是一样多的，如何好好利用就需要认真思考，切忌浮躁，不要这一分钟想做英语，下一分钟又想做数学，要沉下心来，既然选择坚持自己，就要坚定地做好自己选择的计划，这样学习的连贯性更强，效果也更明显。

　　有人说高三很苦，说实话，我一点也不觉得高三有多难熬，我反而觉得能够那样充实地度过每一天是一件很幸福的事情。我记得高三的时候每天除了上课、自习，中午就看看新闻时事，晚上吃饭的时间我就去打一会儿排球，倒也不觉得每天很累。重要的是要有自己学习的节奏，对学习时间进行合理的规划，然后心无旁骛地落实。生活上不必标新立异，学习上倒是可以坚持自己的个性，选择适合自己的路。

相信自己

　　不要因为别人的判断而影响自己的决定。也许现在的你就如同从前的我，既不是班里的"头号种子"，也不是老师的重点培养对象，但那又如何呢？人生毕竟是自己的，相信自己，也是对自己负责。当一个人处于神经紧绷的时候，就会很容易受到外界的刺激，也许一次考试的失利让我们怀疑自己，老师的一次批评可能让我们否定自己。在这种情况下，最重要的就是要相信自己，这其实也是给自己一个继续努力的机会，看到自己的优势来给自己勇气，告诉自己还有很大的进步空间，这说明未来还有很多机会。当然也不是盲目自信，甚至自负。人畏不自知，那么可以尝试定期对自己的表现做一个小总结和回顾，找出自己的不足之处，这不仅可以让你更了解自己，也是不断完善自身的过程。所以无论你现在成绩如何，请你一定要相信自己，相信自己可以做得很好。

天道酬勤

再好的学习方法,再好的心态,如果不勤奋,也没有任何作用。付出不一定能有回报,但是不付出就一定没有收获。针对各个学科的特点,对症下药。像语文这种需要长期积累的科目,平时就要对易错字的读音和拼写进行整理,最后就会变成自己的考试秘笈了。而政史地三科,多记多背还是硬道理,我记得高中三年,政史地加起来十多本书,每本都至少背了4遍,就高三一年,自己对每一科的总结提要也不知道写了多少张纸。英语试卷基本上每周都要在老师的要求之外多做一套,坚持查单词和记单词,打好基础。每一个稍有所成的人必备的一个特点就是勤奋,有无执行力决定了"我做"与"我想"的不同,也决定了你到底能不能有所收获。只要你坚持努力下去,什么时候开始都不晚,相信天道酬勤,每个人都可以创造属于自己的奇迹。

很多人都这么说过,没经历过高考的人生是不完整的。高考,作为人生的一次历练,以微笑去面对,用真诚去准备,这何尝不是一笔宝贵的财富。坚持做与众不同的自己,用自己的手书写自己的人生,无论结果如何,都不后悔,我想这样就足够了。

点评:

第一次全面地认识文秀泽同学是通过高一时的一次话剧比赛,她是我们班的导演,看了她的剧本和同学们精彩的表演,我不禁惊叹——这位平常不显山不露水的学生,还真有点大师风范。高中的学习既是脑力活,又是体力活，而高考的成功除了具备扎实的基本功外，还需良好的心态，这些因素文秀泽同学都具备，所以她的成功并非偶然。文秀泽同学性格开朗，与人为善，同学关系融洽，这为她拥有良好的心态奠定了坚实的基础。她平常喜欢运动，排球和乒乓球是她的最爱，她身体素质虽然不及运动员，但从高一到高三很少生病，而且每天状态都很好，这也是她能一步一个脚印，最终成为黄冈市文科状元的重要因素。她的成功可用"厚积而薄发"来形容。注重总结归纳，摒弃题海战术，这也大大提高了她的学习效率。高考前为期一周的自由复习是她人生的转折点。对于善于总结、细致踏实的她，那是如鱼得水。果然，在考前的适应性考试中，她考出了650多分的成绩，遥遥领先第二名，这种良好的势头一直保持到了高考。成功不是靠运气，付出才可能有收获，正所谓"从量变到质变"！

——李琳老师

梦想让你无所不能

文/廖忍

姓　　名：廖忍

录取院校：北京大学2013级物理学院

爱　　好：打乒乓球、看军事方面的书

座 右 铭：相信我能够完成任何我要完成的事情，并且坚信该项任务值得我为此而"付出"和"努力"。

获奖情况：物理竞赛省赛区国家一等奖

　　　　　参加冬令营决赛并入选物理竞赛国家集训队

高一：别样的学习生活

初到高中，心中充满了喜悦和好奇。在结束了为期一个多月的暑假学习后，我们这些预录取的学生就要分到不同的班级了。我当时选择参加物理竞赛，有幸被分到竞赛班即9班。听说9班是最好的班，各位同学都很牛，于是开始以敬畏的心态开始了自己的高中生活。

刚开学的那段时间，由于我生性孤僻，不善与人交流，所以总有种"另类"的感觉。我当时也总是独来独往，身边可以说得开话的同学很少。这段时间我感觉很压抑。晚自习长达三个多小时，而且时间也几乎完全由自己分配，很多时候感觉时间没有用在要点上。数学和物理的学习相对轻松，几乎没有什么难点。语文的学习也感觉没什么大的变化。但化学、生物和英语就大不一样了，要记的东西特别多。化学每节课讲的都是一个板块的内容，系统性强，但细枝末节也多，常常是一节课下来化学书上记满了笔记。英语要记要背的东西就更多，光新单词及其用法就已经让我有点吃不消了。而自己的学习方法却没有得到必要的改变，结果我的成绩直线下降。

初期的窘境使我不得不尝试着去改变。在足球的吸引下，我奔向了绿茵场，场上我结识了不少新同学，也慢慢学着怎样去融入集体。最让我难忘的，莫过于同学们在场上互帮互助的深厚友谊。有一次，我韧带拉伤，同学们不仅扶我到班上，请来校医务人员替我检查，还热心地帮助我在学习及生活中的一些事。一句句真诚的问候以及真诚友爱的帮助，让我心里暖乎乎的，也打破了我与他人交流的坚冰障碍。作为回报，我有时也会主动承担一些责任，如在早操时在教室打扫卫生，运动课后给同学们带水等。就这样，在自己与他人的互帮互助中，我逐渐感受到了班集体的温暖。融入班集体的同时，我的成绩也有所回升。数学和物理的难度在后期逐渐加深，我的策略就是多看题、多做题，使自己尽可能多地熟悉各种题型，并加深理解，所以没有掉队。化学、生物两门课的回升则完全是由兴趣引起的。那时候有好多生物实验课，在显微镜下，我看到了各种奇妙的东西，如各种动植物的细胞、细胞器，这些美丽的图景让我对微观世界萌生了幻想。在一次实验课上，要用苏丹 III 染液去染色花生子叶细胞中的脂肪，班上只有少数几个同学做得比较好，而我就是其中之一，老师还叫其他同学一起看我给他们演示一遍。我感觉颇为自豪，对生物的兴趣也更浓了。不仅如此，还有做叶脉书签、做米酒等各种活动，让我对生物更加感兴趣。在兴趣的引导下，我的生物成绩回升到了不错的水平。化学课上老师也喜欢做实验，看着老师从容地摆着实验仪器与药品以及那呼之欲出的实验现象，每位同学心都痒痒了，所以上课后不久，讲桌前总围着一群学生。另外，化学老师也有求必应，对我们提出的问题总是耐心解决，这为我在学好化学的路上摆平了不少障碍。

学习之外，学校也举行了丰富多彩的各类活动，如义务劳动，球类运动会，秋季田径运动会等。这些活动大大地丰富了我们的业余生活，也让我感受到了高中生活的美好。

高二：打击、沉默和进步的一年

高二开学不到一个月，物理竞赛复赛就拉开了帷幕，我也为此做了一个多月的准备。本以为付出了足够的时间就会有回报，但结果却出乎意料，反倒是平时感觉不咋地的同学考得最好，而我则刚刚上榜，连实验考试的资格都没有获得。第二天就狼狈地离开了武汉，就这样悄无声息地走了。这让我心里极度不平衡。回到学校后，同学们纷纷追问我们的成绩，我欲言又止，最终还是缄口不言。每谈及这次复赛时，我的心情就十分沉重。更为糟糕的是，我落下了许多功课，还有那堆积如山的各科作业。持续低迷的各科成绩让我快要崩溃了。在此后相当长一段时间里，我变得沉默不语。而这段沉默之旅，恰恰成了我人生中的转折点。

残酷的现实碎掉了我的梦幻世界，迫使我不得不重新开始改变。这段时期我的学习态度变得认真多了。英语课上，我总是跟着老师的节奏去思考，丝毫没有分心。早晚都花时间去读去记，业余的时间也尽量利用好，连中午吃饭时我也会拿着写满单词或笔记的小纸片看一看。英语作业也总是做到尽善尽美，尽量按老师的要求做好。课堂上的高效学习加上课后的努力让我的英语成绩得以迅速提升。在一次考试中，我的英语成绩一度突破了130分，这让我十分兴奋。在数化生三科上，我也尽量认真听讲，尽管有些基础知识感觉很简单，我也会耐心听完每节课。而且我也养成了及时整理错题笔记的习惯，对于做错的题，我总是在看答案之前再做一遍，而且尽量用不同的方法。在重做一遍的过程中，我会沿着原来的思路再想一遍，把犯错的地方揪出来，这样在下一次遇到类似问题时就可以避免犯同样的错误。用不同的方法解题则可以提高运用知识的灵活度。对于难题和易错题，这些做法显得格外有用。

当然，这段时期我最大的收获还是在物理竞赛上。我经常去反思高二时物理竞赛复赛失利的原因，最后终于发现自己的几个问题：一是没有对所学知识强化加深，导致面对难题时缺乏信心；二是练得太少，没有熟悉各种题型，导致信心不足，一上场就紧张。由于高二时竞赛的基本知识已经讲完，剩下的就是去做题巩固了，因此我们有很大的自由空间。有一次考试我又失利了，这次我没有怎么去抱怨自己那么笨，而是尝试着对这些难题加以简化和拓展，并从中得出了一些书中学不到的知识。首战告捷后，我很高兴，并将这种学习方法推广到其他各"战场"，取得了不错的成绩。在这种学习过程中，我逐渐养成了沉下心来对一个问题进行探究、深化和拓展的习惯，这让我受益匪浅。把一种难题拓展为某一类难题，并提供系统的解决方法，让我的知识面拓宽了不少，也加深了我对某些定律的理解。在后面的考试中，我屡试不爽，到后来每次都能取得不错的成绩。更为重要的是，这些探究和拓展增强了我应对难题的信心，并在考场上成功克服紧张和焦虑，终于在高三上学期（2012年9月）的那次复赛中成功晋级。获得省赛区国家一等奖并入选湖北省代表队，顺利和北京大学签订预录取协议。决赛之前，学校提供不菲的经费，送我到中国科技大学、北京大学去培训，刘校长还和我谈心，我深受感动。在决赛中，我发挥不算理想，但仍凭实力入选物理竞赛国家集训队,为学校、为老师、为父母,也为自己争了光。在此感谢学校对我的培养,也感谢老师对我的指导与关心。

最后我还想给各位学弟学妹们提供一些建议。

(1)注意休息

我还记得高一初来的时候,我们把晚上睡觉时间用来评判大神和渣渣的事,其实这没有任何意义。睡太晚毫无益处,会让自己一整天都想睡觉,这种情况下,想集中注意力是很难的。对于英语这样的学科,上课认真听讲是极其重要的。每天睡不好一定会影响到英语成绩。休息好可以使自己集中注意力并少犯低级错误。高二上学期复赛前一天的晚上我睡得太晚,结果第二天没精神,上考场没过一小时就蔫了,结果自然不好。

(2)多反思,多总结

不要太在意分数,但要去总结问题。对于自己犯的各种错误我们应该多反思,并对某些问题,找出适当的解决办法。有些方法未必有效,这时就要做总结,找出遇到的问题并据实做出修正,慢慢地就能找到好的解决方法。

(3)不要畏难,而要迎难而上

高中的考试越到后面就越难,如果一味畏难,靠捡基础分,是难以取得好成绩的。唯一的秘诀就是多做难题,做多了、做熟了,自然就上手了。做难题的同时也是对基础知识的运用和加深理解的过程,所以做好一道难题比做好几道容易题的意义要大得多,而且难题做多了也会积攒信心。

结束语

高中三年的生活虽然平淡,但很美好。希望学弟学妹们能珍惜高中时期的美好时光,快乐学习,享受学习,胜利抵达自己的梦想彼岸。

> **点评:**
>
> 廖忍同学的成功得益于他的刻苦与勤奋。在学习上他舍得花时间,而且分分秒秒都有他自己的安排与计划,从不打无准备的仗。高二时竞赛的失利原因在于经验的不足,他找出自己存在的问题,制订了让自己能进步的计划,特别是应如何面对难题和解决问题,他都有自己独特的想法与做法。不畏难而是迎难而上,终于笑到了最后。他来自农村,家庭经济条件拮据,但他从不与人攀比。他全身心投入学习,而且有远大的志向。他最崇拜大将粟裕,梦想有朝一日能为祖国国防事业效力。愿他在大学里继续提升自己的素质,实现他心中所想,成为祖国栋梁。
>
> ——曾献智老师

我是如何走进清华大学的

文/刘梦旸

姓　　名：刘梦旸

录取院校：清华大学 2013 级物理系

爱　　好：打篮球、唱歌、听音乐

座 右 铭：有志者立长志，无志者长立志。

获奖情况：省赛区国家一等奖（第 29 届全国中学生物理竞赛）

还在念初中的时候，我就听说有一所特别厉害的高中叫黄冈中学，我们做过的很多作业和练习本上都印着她的名字。听老师说这所学校每年都有很多学生考上清华大学、北京大学，而且很多人在奥林匹克竞赛中拿了奖牌。那时候我就暗下决心一定要努力进入这所学校，所以在学习上格外勤奋，用了不少的功。初三下学期，我参加了黄冈中学的预录考试，功夫不负有心人，我顺利地在几千人中脱颖而出，被录取到黄冈中学。我开始憧憬我的高中生活。

高一：快乐而充实的一年

2010年暑期，当其他初中毕业生还在享受没有作业的假期时，我们这些预录生提前到校参加暑期培训，那时候我才知道上大学不只有高考这一条路，重点高校可以多途径选拔人才，在竞赛中获奖可以直接保送进入大学。经过一个半月的快速学习和多次考试之后，我又以很好的成绩被辅导物理竞赛的主教练曾老师选入竞赛班的物理小组，我的物理竞赛生涯从此开始了。

大家都知道，高中进班后的第一件事不是上课，而是军训。虽然一个星期的军训生活相对高中三年来说很短，但是这个短暂的开始却对我们有了很大的影响。我们在军训中锻炼了自己的自理、自律能力，增强了团队合作意识，懂得了要守纪律服从命令，还有最重要的一点就是培养了我们的社交能力。我的性格外向，所以在军训生活中总能跟同学们打成一片，大家也都喜欢跟我交朋友，这对我后来的进步也起到了很大的作用。

我们班是理科竞赛班，我们不仅要学好高考内容，而且还要花时间将自己感兴趣的竞赛内容学得更深。每个星期二的晚自习，还有星期六的上午和下午我们都会到各自的小组训练。在学习新内容之前做好预习是非常重要的，不仅能提高听课的效率，也省去了很多课后的巩固时间，曾老师总是提前把要讲的内容打印给我们，让我们先预习一次。我们的小组成员之间也经常一起讨论，虽然总会为一些比较纠结的问题争得面红耳赤，但是当最后得出正确的结果时大家都会很兴奋，这种学习习惯对我们的整体水平的提升起了很大的作用。每个星期二的晚上都是做实验的时间，我们物理组有自己独立的实验室，每次做一个实验，做实验之前也要提前看书，做实验的时候尽量不翻书，这样会在大脑中留下更深的印象。

刚开始，我在教室里听高中课程的时候，有时候怕自己物理跟不上其他的同学，就在上其他课的时候看物理书、做物理题，但是过了一段时间我发现自己的物理成绩并没有提高，反而其他科目的成绩下滑了。因为上课没有听讲，课后又需要完成作业，所以要花更多的时间来补看上课的内容，并且印象还不深，花了时间却没有收获，效果很不好。吃一堑长一智，后来在教室里听课的时候我都会在课前的十分钟预习将要讲的内容，上课的时候专心听课，遇到不懂的地方就做笔记，积极与老师同学讨论，当天的作业当天完成，很快，各科成绩又都上去了，也节省出了更多的时间学习物理。所以说东一脚西一脚必然学不好，专心致志、趁热打铁才是王道。

每个星期的两节体育课是我们最喜欢的课了，可以打篮球、排球、乒乓球。但我们高一体育课大多数都是踢足球，因为学校有"校聚杯"比赛，高一的比赛项目是足球,我们班的同学做任何事都有要比别人做得好的决心,所以大家也都踢得很认真,每次都是大汗淋漓地回到教室,最终我们取得了年级第二的好成绩。我自己也因此有了比较好的身体素质,不仅学习感觉更轻松了,而且有资格参加了学校的运动会,并取得了不错的成绩。

我们的课余生活也非常丰富。每个星期五晚自习前都有教唱歌曲的时间,我因为有一些音乐天赋,上小学时就已拿到了业余小提琴十级,平时又酷爱唱歌,就经常主动上去给同学们教歌,我觉得这样不仅能展示自己,而且可以增强自己的自信心,提高自己的表达能力,使自己能更好地融入大家的生活。星期六的下午一放学我就会抱着篮球奔向篮球场,因为喜欢打篮球的同学多,必须先去才能占着空场地先打,打篮球不仅锻炼了身体,而且让我结识了更多的朋友;晚上广场上会放电影,跟同学一起,跟好朋友一起看看电影,聊聊天,一周的学习压力也就全都释放了。星期天的上午放假,有时候会去图书馆看看书,有时候跟好朋友一起打打台球、去网吧打游戏。别看是玩游戏,其实在游戏中也能锻炼自己的思维和快速反应能力,适度的游戏对我们其实还是有一定好处的。

高一的生活就是这么平淡却不单调,在学习中玩儿,在玩儿中学习,每天都是轻轻松松的,没有太多的压力。高一的暑假跟学长们一起集训,每天做一会卷子,再由学长们来给我们评讲,有些地方他们给我们点拨一下,我们就会恍然大悟,一个暑假下来,水平提高了不少。转眼就到了高二。

高二：专心致志的一年

高二刚开学我们就面临着第一次物理竞赛考试，经过了暑假的训练，感觉自己的水平已经不错了，对这次考试并没有特别的在意。但是到了考试的前一天，我却感觉还是非常紧张，以至于晚上没有休息好。考试的时候更是紧张，做着做着脑子就一片空白，原本有的思路又要重新开始想，没有发挥出自己的水平，很遗憾，这次没有拿到国家一等奖。我这才明白是我考试前的准备工作不够充分，平时做题并没有把自己置身于考试的那个紧张严肃的氛围中，没有严格要求自己规范答题，没有在平时练习的时候给自己的时间留有余地。

从那次考试开始，我就更懂得了该如何严格要求自己，因为竞赛只有一次机会了。那时候竞赛内容差不多都已经学完了，大家都是自己买书做题练习，一本一本的书都翻破了，复赛不会做的题越来越少了，而且大家还一有时间就互相学习，把值得研究的题目拿出来讨论。我们的目标也都早已不只是停留于国家一等奖了，而是要进冬令营、集训队。在我们的要求下，曾老师给我们印了近十多年的冬令营、集训队的题目让我们练习。刚拿着这些题的时候，就觉得跟复赛题完全不是一个难度的，很多都需要大学的一些理论知识才能解决，但是经过了一段时间，我们也都适应了这种难度的题目，也会在一起讨论不同的解法和自己的见解。随着第二次竞赛的临近，我们的压力越来越大，但是我们还是在不断的挑战越来越高难度的题，我们的信心也在与日俱增。

高二的课余生活跟高一没什么大的不同，只不过玩的时间缩短了，把学习的时间延长了，在不知不觉中，一眨眼就过去了。

高三：先痛苦后幸福的半年

带着满满的信心，我们迎来了第二次全国物理竞赛，心想着那么难的题我们都搞定了，这次考试还能有什么问题呀。可是事与愿违，这次的题目却非常基础，只需要扎实的基本功和做题的时候特别认真仔细就没什么问题了。我拿到试卷一下子就傻了眼，这些题很多都是不需要学得很深就能做的，而我们平时一直都是练习越来越难的题，却忽视了基础，现在做起题来很不顺手，感觉我一年的功夫不就白费了吗？我当时很慌神，但也只有硬着头皮做了。本想着进冬令营，最后却以很小的差距失之交臂，只拿了一等奖，心中难免失落，因为直接保送清华大学的机会就这样失去了。所以说不管学什么都要打好基础，而且要经常温习，不然就难以应对各种各样的题了，不能有侥幸的心理幻想考试的题目刚好符合自己的口味。做了那么多难题，我并不后悔，因为我掌握了，迟早会有用武之地的。再说只有上升到一定的程度，才能轻松面对眼前的问题。

竞赛成绩出来之后，班主任吴老师安慰我说能拿一等奖已经很不容易了，而且想去清华的话还可以参加保送生考试，只不过要考数学和物理两门，还有面试。我心中窃喜，数学和物理，这不是我的强项吗，而且平时我的交际能力也不差，面试也应该不成问题吧。有了前几次的教训，我不敢有半点松懈，因为我知道，参加保送生考试的也都是竞赛获奖的高手，他们的水平也许比我更强，我只有在现在的基础上努力使自己更强才有胜算。老师把以前历届保送生考试的资料发给了我，数学难度好大，我颇感压力。竞赛获奖与保送生考试中间只有两个多月的时间，我给自己定了很多计划，有短期的、长期的，都是遵循提高效率、循序渐进、面面俱到的原则来制定的。每天有计划地做事，认真完成一个一个的计划，感觉一切都在自己的掌控之中，这让我感觉越来越轻松和有成就感。随着这些计划实施完了，考试的时间也到了。考试时，曾老师和吴老师送我们到北京，曾老师说了一句话："刘梦旸这一次肯定没问题！"给了我十足的信心。这次的考试我感觉很放松，因为我已经做了自己能做的。最后的结果是这段时间的付出给了我一份满意的答卷，我通过了保送生考试，被保送到了我梦寐以求的清华大学。

结束语

就这样，我从黄冈中学走到了清华大学，我认为我的成绩离不开我的良师益友们，他们教给了我很多东西，是我理想道路上的铺路者。同时，这也是与自身的努力分不开的，有一种良好的学习心态与习惯，一个好的学习方法与计划，交一群好的朋友，这些都能使我们在自己理想的道路上走得更远。在最后我要感谢我的父母，他们对我的追求始终支持，我的妈妈在学校陪我整整两年半，我的爸爸陪我参加保送生考试，他们是我成功的精神力量。感谢学校，感谢老师，感谢一起努力的朋友们，感谢父母！

点评：

刘梦旸同学是一位德智体美劳各个方面均全面发展的优秀学生。在2010年暑期的集训选拔中，他是我在他们班选拔进物理小组的两名学生之一，选拔的初衷说得有点让人不好意思，因为他长得很像我的一位曾经进入物理竞赛全国冬令营决赛的学生，而且名字中又有两个字和我的另一位进入冬令营的学生相同，也许这就是我和他的师生缘分吧。他性格外向，敢于表达自己的真实意愿，从不掩饰。他爱好广泛，篮球打得不错，敢拼敢闯。他学习刻苦，且有非常详实的计划，并按计划一步一个脚印走下去。他心气很高，志向远大，高一时就给自己定了要上清华的目标并为之努力。竞赛成绩不理想，并没有让他消沉。成功的路不止一条，但必须舍得付出辛勤的汗水。他了解自己的长处，也知晓自己的不足，精心准备，终于在保送生考试中力拔头筹，实现了清华梦。祝愿他在清华园里结交更多的好朋友，在理想的道路上再攀高峰。

——曾献智老师

高中竞赛学习

文/吴斌

姓　　名：吴斌

录取院校：北京大学 2013 级化学与分子工程学院化学专业

爱　　好：足球、动漫、看书

座 右 铭：及时当勉励，岁月不待人。

获奖情况：2012 年第 26 届全国高中学生化学竞赛（省级赛区）一等奖

2012 年第 26 届全国高中学生化学竞赛决赛（暨冬令营）一等奖，并入选第 45 届国际奥林匹克化学竞赛国家集训队

高中化学竞赛和高考学习

高中选择竞赛，主要是想让自己在高中有事做，在升学方面多几次机会。对于高考不错的学生，确实是不错的选择。初中比较喜欢化学，但是学习上并无优势，其他竞赛由于种种原因没有选择。高一的学习是比较艰难的，各种结构花了比较长的一段时间才弄懂，而且看的书有比较多的内容不懂，但实际并不要求都掌握。因此高一在竞赛上花了比较多的时间，事实证明付出总有回报的，可能短期效果不明显，但是不努力等于放弃了成功的可能性。学习上根本不必妥协，可以改变的余地太大了。到了高一暑假和学长一起训练，虽然还是做得比较慢，但也不算落后了。紧接着迎来第一次国初，题目不是很常规，连跳了几道题，一个验算失误浪费了一个多小时，结果自然不理想。因此，考试时基本内容一定要掌握，还要有一个好的心态。

然后到了高二，在老师的指导和规划下，以自学为主，相对高一要自由一些。到了高二，一部分人因各种原因退出竞赛，如果没有牺牲时间的打算和持之以恒的毅力最好不要学竞赛。高二没有高一疯狂，但也没有做很不合理的事。学习竞赛自律是非常必要的，毕竟它不同于高考知识的学习，它需要我们像搞科学研究一样，坐下来潜心钻研。但是比较多的人因为太放松最终只能面临高考，机会错失，后悔为时已晚。高二必须决定学习侧重，否则学习压力相当大。高二我基本完成各科作业，考试前稍微复习，其余时间看竞赛书。高一初赛的阴影笼罩了自己一年，毕竟当时省内不少同级学生考得比我好。现在想来不一定是坏事，高二获奖后就会有赞誉，一个人是很难不将其放在心上的，结果高二不会很努力，高三以一个一般甚至差的成绩结束竞赛都是正常的，这样的例子不少。高二只要基本时间投入保证了，结果不会太差。高二需要做大量习题，对于一些麻烦的题，能想则想，注意其对知识的考察，一些意义不大的题不用花太多时间。紧接着迎来第二次初赛，虽然状态不好，但做得比较顺，问题不大，不过好好审题是必要的。省选前做往年省选试题，注意拓宽学习内容，省选考察内容很宽，把内容认真回顾一遍就行了。省选试题可能有不常规的，认真做就行了。

省选过后是长达两个月的决赛冲刺复习，这段时间最能考验一个人的毅力，整天待在开着日光灯的教室里，独自复习，很想睡觉，寂寞的时候要克制。这个阶段最好有一个规划，可以具体到每日内容，一定要制定可能完成的计划。我认真准备了，决赛考得还可以，就被保送了。至于集训队，自己尽力复习，注意内容，集训队也不是什么复杂的都考的。

想要把竞赛学好一定要花比较多的时间，还要有一个好的定位。有时确实会有一些荣誉，但那些不能影响你的正常学习，不能因为别人的赞美而忘记奋斗。我个人是比较低调的，竞赛结束，享受着开始不被人承认、之后证明了自己的喜悦。不管别人评价如何，都需看清自己，不要被捧杀或棒杀。逆境中要坚持，顺境中不要被胜利冲昏头脑，以相对平和的心态完成学业。当你真心期望着什么，并且坚持努力，结果不会太差。

化学竞赛

集训队中有人说，化学竞赛含金量不高，虽然不想承认，但不得不承认，我觉得可能是学科难度的原因。化学和生物相对更侧重于理解和记忆，没有数学物理那么复杂的逻辑思维及计算。化学竞赛就难度而言不算最高的，但是对学习态度要求高一些。学习竞赛不应偏科，我觉得在化学上更应如此。而且就算偏科也只能是暂时的，升学远不能成为人生目标，只有均衡发展才能在化学之路上走得更远。其他学科也一样，学科不能独立存在。

虽然当下很多学生参加竞赛是为了获取保送资格，进入一个好的大学学习，但并不是所有人都能如愿。对于那些未能如愿的学生，有些人难免会抱怨竞赛影响自己的休息时间、学习高考课程的时间等等。要知道，竞赛本身就应类似于课外兴趣活动，且存在一定风险，难道通过竞赛你真的一无所获？我们可能是要放弃一些休息时间去学习，但这锻炼了我们的毅力；我们可能需要面对一道题查阅很多的资料，而这让我们学会了自主学习，自习能力大大提高。我们可以进一步认识科学，我们有更多外出培训、交流的机会，这一份份记忆及和同学建立起的感情无疑是宝贵的。这不比每天坐在教室让老师来授课好吗？而且，考试不能说明一切。你确实在知识上有所收获，这就够了。再说准备高考的时间足矣，努力一下，只要以前学得不差，不偏科，应该补得回来。

再谈谈竞赛化学的学习，学习竞赛不建议仅局限于竞赛大纲，适当多学有利于解题，而且试题不一定完全按竞赛大纲来。化学竞赛是需要一定背景知识的，没有一些知识，去做竞赛题会相当艰难。因此，初学遇到一些不能解决的问题，可以考虑先放一段时间，可能不久你掌握一些知识就明白了。注意看书，关键基础知识需要记住，看书时注意思考联想，可以自己做出一些结论，并寻求验证，在这个过程中提高阅读、自习的能力。到了后期，可以自己找一些高端的书看，但不需掌握太多太难的内容，考试本身难度有限。书看得多对以前内容有加深作用，但也要重视基础教材。平时做一些笔记，坚持下去就行。

黄冈中学有着悠久的历史，丰富的文化底蕴，注重学生多方面综合素质的培养。在这里也不应一味啃书本，我们应该有一个相对美好的高中生活，注意劳逸结合。不应该只关心学业，应在各方面得到锻炼，有一定的课外活动，享受高中生活，而不是只会做题。毕竟只会考试的学生大学不会发展得很好，请珍视同学的情意，拥有一份并不枯燥的回忆。

然后是高考课程的学习，对于英语感觉没有太多办法，去记吧，至于记的方法，一般老师都提到过，像不要只记单词之类的，这里就不多说了。语文加大阅读量，有时间多看杂志，该记的还是需要记住的，平时多注意积累。对于理科，需要学生有一个较严密的思维，一般不会的题不要轻易看答案。大概是由于高考内容比较有限，大量做题似乎在对付考试方面有一定作用，但我不提倡。这样做效率很低，不利于以后大学学习，做题要适量。做完后可予以适当分析，如易错点、命题意图等，收获可能会大一些。化学、生物需记的知识点较零散和细致，学习这两门学科需将内容分类归纳，可以通过列知识提纲使其有层次感，方便记忆，可多看一下生物教材。自己整理错题也是相当重要的，考试前可以翻阅一下。

在高中课程学习中，听课是比较重要的。高中课程相对比较简单，是否预习可以根据自己的情况而定，但是复习是有必要的。老师备过课对知识较熟悉，讲起来比较容易抓住重点。尽管有时候课堂内容较为基础，但是对于高考来说每个知识点都很重要，认真听课对细节掌握更好。实际上，对于竞赛学生，这一点不容易做到。学习竞赛意味着时间变得比较紧，因此一些学生上课不听讲，自己做高考或竞赛题。对此我认为竞赛生思维能力较强，通过看参考书掌握知识点是有可能的，可以省出一些时间学习竞赛，毕竟高考竞赛都超强的人是少数。但是不要放弃高考的学习，这样做存在一定隐患，这样对高考内容不会掌握得很好，印象不会很深刻。可能考前经过一定时间的复习也可以取得一个较好的成绩，但是不复习可能什么都不记得了。这样如果需要参加高考，需要在复习上投入比较多的精力，毕竟以前花在高考上的时间少一些。如果要参加高考，我不提倡不听讲，尽量把握课堂效率，课下可以少花一些时间。

以下是学习中应该注意的几点：

首先，要定一个合理的期望值。这个从进入高中就可以开始了，略高于现实，可以根据实际情况进行调整。有一次学长回来演讲，有一点大概是把目标定高一点，那些只想拿到一等奖的学生一般拿不到一等奖。虽然确实由于考试内容等原因，一些只想拿一等奖的学生可以如愿。但是把目标定高一点似乎也没什么不妥，一个遥远的目标更能催人奋进。先要想到然后才能做到，当然目标过于遥远也是没有意义的。

其次，要有一个较好的学习态度。勤能补拙，学习态度端正是学生的基本素质。我承认相比于小说、游戏等诱惑，学习确实是件比较累又难以找到乐趣的事情。但是我们必须要经历这个过程，我们无法逃避现实，逃避竞争，一个只知道享受的人注定碌碌无为。因此，在学习时，请专心并认真对待。我们现阶段任务是学习，就应该把它做好。

再次，需要坚持不懈。学习初期，可能压力不大，但是到后来，内容会变难，这时不能半途而废。一些学生到后期受不了，随心所欲去玩，都没有坚持到最后。高中学习是一个长期的过程，不是靠一时努力就能取得好的成绩的，所以请付出持续的努力。高中学习就像抢阵地，你可能只慢了一点，但你会输得很彻底。

再次，要有一定的学习兴趣。有学习兴趣，这样才使你的高中学习不那么枯燥无味。如果你知道自己想去哪里，全世界都会为你让路。合适目标来源于兴趣，没有兴趣就自己培养吧，不要产生厌学情绪，其实我们都在学习前人的智慧，应该可以从中找到乐趣。如果自己很讨厌知识，我只能说"要想做你喜欢的事，必须先做你不喜欢的事"。这一点都做不到，那就谈不上兴趣了。

最后，正确对待考试。初中时就明白考试是检验手段，作弊自然是不可取的。面对结果要淡定，能力在那里，不会因为分数而改变。考试是存在一定随机性的，没必要大喜大悲。在后期心态一定要平和，这不是最后一次考试，过多的情绪会影响到后面的学习。当然，多次不理想就需要自己找原因了。考试前不要太紧张，答题时有难度的题可以先跳，但是不要跳太多。当觉得自己比较慌时最好停止答题，调整心态。

以上为个人认识，希望对后学者有所帮助。

点评：

当奥赛班的学生以综合实力强而变得虚浮、自我陶醉时，吴斌保持着清醒的头脑；当别人的竞赛激情在高山大海一样的竞赛课程和习题面前消磨殆尽的时候，吴斌对化学竞赛一直保持着浓厚的兴趣和持久的动力。尽管吴斌对竞赛有远大的理想，也有想保送的一面，但他在竞赛之路上心态是平和的。在他看来，竞赛之路上要时刻波澜不惊，荣辱不惊；一路信步走来，没有所谓的关键时刻，没有所谓的冲刺阶段。吴斌在竞赛训练中还养成了缜密的思维品质。他思考问题非常谨慎、严密且全面，遇到问题总是用心思考好后再行动，因此几年来他的考试没有大的失误，成绩非常稳定。由于吴斌在高中阶段没有过早的单科冒进，各科均打下了的坚实基础，知识结构全面合理，因此，他综合实力强，总成绩一直名列全年级前十名。经过竞赛的磨砺，他逐步养成了自觉、刻苦、坚强、自信、淡定、阳光、睿智等等诸多优点和品质。

总之，化学竞赛是一条漫长的路途，布满鲜花，布满荆棘，但是无论如何，选择了这一条路，就要坚定不移地走下去。要记住最重要的不是结果，而是这一路的收获。在这漫漫长路中，你将学会自信，学会宽容，学会互助，学会坚强。几十年后，这段竞赛生活还会提醒你，你拥有怎样一份宝贵的财富，拥有怎样一个蓬勃的青春……

——汪响林老师

失败！失败！失败！终成功

文/王钦

姓　　名：王钦

录取院校：北京大学2013级数学系

爱　　好：数学、篮球等

座 右 铭：努力不一定会成功，但不努力就一定不会成功！

获奖情况：校三好学生

　　　　　学习标兵

2010年的鄂州高中预录,我失败了。失败得彻彻底底,失败得一无所有……是接着去考那个不可能考上的黄高,还是接受中考的制裁,读个普通的学校,然后平平淡淡地过完自己的一生,最后在人类历史的长河中湮没。我摇摆不定,最后或许是"哀吾生之须臾,羡长江之无穷"。觉得如果不去试试,倒是给人生留下了许多遗憾,于是便报名了。只是我不知道,这个决定,或许改变了我的一生。

光说不练假把式,我也开始为3月底的黄高预录做准备了。好在我爸是名教师,也能够辅导我一些习题。也是置之死地而后生吧,当时的我也开始拼命了。抓紧每一分每一秒来学习,走在路上背英语单词和语文的古诗词,吃饭时看着手中记下的数学题,就连有时睡觉也会梦见在做题,然后做出来了就起来把答案记下来……由于长时间的这种生活,导致睡眠不足,上课经常会犯瞌睡,于是我就用圆规的尖的那头扎自己,一想困就扎自己,就这样我熬过来了,同时在这段时间我做完了5本习题集。3月28号的考试,考完之后,走出考场时我爸问我做得怎么样,我说数学最后两个题没做,其他科目毫无亮点……我爸满脸黑线地说:"那你意思是数学最后2个题没做就是亮点了?"但是我也挺豁达的,也许是那2个月锻炼出来的,说大不了中考嘛。回到学校后,有同行的考生说数学都做完的什么一大堆,然后我听到的就只有称赞和热讽了。班主任过来询问,当然,我的情况比另外一位学生差得多,然后又少不了一顿劝告,我只好硬着头皮在热讽声中准备起了中考。

等成绩那一个星期的气氛就如暴风雨来临之前一样压抑,终于一个星期后出结果了：我被预录了，而另外一位同学却没有。这一切都显得那么不可思议但又是那么的必然。努力，不一定成功，但不努力，就肯定不会成功！

或许是这次小小的成功，让我的野心膨胀了。我开始给自己定下了目标，然后开始每天预习高中课程，朝着那个梦想慢慢地爬着。

一、梦想开始的地方

预录分班时，我分到了二班，和潘圣其、廖忍等人一个班，后来也成为了我高中三年的同窗好友。在当天的自我介绍上，我在黑板上写下了我的名字，同时也写下了我的梦想，有谁会想到这个年少轻狂的少年最后实现了他的梦想，所有人只是当作一个笑谈而已。预录生培训的日子过得也快，一晃就过去了，经过三次考试，我也就进了 9 班，走上了另一条长满了荆棘的道路……

很快就到了高一正式开学的日子，刚开始的一个月过得倒也挺容易，也没进行什么培训。但令人想不到的是，月考在我不经意之间发生了。语文竟然是一次练字的分数，而生物竟然是进班时吴老师摸底考的初中内容，而英语就直接把单词测试的分数当作了英语成绩，我唯独数学好点，其他科目正常，总分就全班倒数。吴老师也开始找我谈话，问是否是因为竞赛的压力导致高考科目的时间分配不足，甚至提出，让我放弃竞赛这条路，直接选择高考。但是我并没有太多的想法，或许竞赛这条路确实不适合我。可是，我义无反顾地走上了这条路，而且，我甚至还说出了"IMO

（国际数学奥林匹克），wait for me!"这种年少轻狂的话。

二、凤凰涅槃

选择竞赛后，我开始发力。慢慢地，时间一天一天地过去，我在数学上也越钻越深，做完了《一试》，又做完了《奥数研究教程》，接着做《数学奥林匹克小丛书》……一本一本地做，教练布置的任务也会争取比其他的同学先做完，就这样，我开始在数学组内领跑。可是由于竞赛上投入时间过多，导致高考科目成绩更差，马上就要迎来高一上的期末考，当然，成绩不出我所料，很差。回家上交成绩单时，我不敢正视我父母的眼睛，可还是迎来了质疑，父母要求我放弃这条路，这条路就像金庸小说里的铁链桥一样，不仅独木，而且一个不慎就粉身碎骨。我也开始担忧我的选择是否正确，夜深人静，躺在床上也无法入眠。这时，我爸推门而入，我以为他又来劝说我放弃竞赛，没想到他却和我谈起了当初的黄高预录，想到当时的废寝忘食，想到当初的想题时穿裤子将裤子穿反了的情景等等。我不禁眼眶有点湿润，这时，我爸说道："你愿意选择那条路，父母作不了选择，但是你要记住，自己选择的路，就算是跪着，也要走完！"

我想，我应该有了抉择了吧！

那晚，我爸走后，我又想了很多，想到了当初的废寝忘食，想到了当初的凌云壮志，想着想着，我骨子里那股不服输的劲头又回来了，我那平静的血液就像饿狼嗅到了食物一样狂暴了起来，仿佛一个声音在耳边呐喊着：竞赛！竞赛！我选择了竞赛！在那一刻，我感觉我似乎该做点什么，于是我翻身下床,从书包里翻出暂未攻克的《数论讲义》,拿出笔和纸在桌子上演算了起来,又是一个不眠夜,谁说不是呢……

寒假在家除了将寒假作业做完之外,那本《数论讲义》也被我看完了,倒也过得挺充实。

新春开学去学校,不知为何打心底就有一种自己很了不起的感觉,想了想,也没想出个所以然来……但也是那时的骄傲,导致了我的一次失败,也改变了我高二的学习生涯……

紧张而又有序的生活依旧不紧不慢地进行着,我会做的题的难度也慢慢增加,从二试到女子奥林匹克,到 CMO……我开始追求更高层次的训练,而心里那股邪恶势力却已经根深蒂固——骄傲……那时,我知道了陶哲轩,知道了韦东奕,知道了聂子佩……我觉得我也能成为像他们一样的人,于是,我忘记了基础……万丈高楼平地起,而我却忽视了那早早被我做完的《一试》。终于,在 5 月中旬,我迎来了人生不知道第几次的失败,也许是我已经练就出了厚脸皮,也没觉得有什么丢脸的……但同学们的规劝和教练的善意的批评却接踵而来,那时,我又想起了,我选择的路是否是对的……

也许是天意,我看了一些励志的文章,突然觉得我这点失败根本就不算什么大事,倒也鼓励了我,让我接着努力来取得好成绩以证明自己。于是,我们寝室迎来了一场重大的文艺复兴运动——废寝忘食地搞学习,我会在中午放学后等半个小时多做会儿题,而且去食堂就不用排队,这一行为得到了许多人的效仿,放学后依旧好多人留在教室搞学习,也一度让我们班在其他班的老师心目中留下了好的印象……在纸上记一些简单的一试题目,方便边吃边想,困了喝咖啡……那段时间真是累,都快撑不住了,不过我却想着,一名伟大的骑士应该以战死为光荣……

一切都在我的计划中进行着,而十月也即将来临了。几乎每个人都会觉得,王钦今年能成功吧,可是谁又知道事实却是那么的无情呢? 10 月,我又失败了……

暑假的一次变故导致之后的我开始厌学,开始喜欢上看小说动漫。暑假又一次培训,培训回来后,我们开始准备十月的考试,可那时我每天做的不再是废寝忘食地刷题,而是废寝忘食地刷小说和动漫(后来回想起那段时间,总是责怪别人,却从未想过自己为什么自制力那么差,想想就感到惭愧)……当时也觉得,联赛的题目有什么难的,我已经做了那么多的题了,想想也不在话下……谁知那年联赛,湖北省出的题目特别难,结果出来,我连一等奖都没有拿到。

考完时,我走出考场,就已经猜到了结果,那时仿佛老了许多一样。回教室的路上,我想了许多,觉得我还是放弃算了。一回到教室,我就将自己的竞赛书全部地收拾了起来,准备开始搞高考……当时陈老师也鼓励我接着把竞赛搞下去,而那时我却做着《数学全品》做得津津有味,也对他毫不理睬,劝过多次后,陈老师也失望放弃了……联赛的失利,倒也没有扑灭我心中那股骄傲的情绪,也导致了今年一月,到目前为止的最大的一次失败……

也许高考才是我最终的归宿,周末的晚上,耳畔回旋着"起风了,涟漪三朵;推开了,唐的萧瑟……"的旋律,慢慢地走在校园里,看着枯黄的树叶掉落,抬头看着竞赛的教室仍然亮着的灯,心中倒也挺平静,"我再也回不去了,不是吗?"

那时的伤感,倒也塑造了日后我闲着无聊时,会假文艺地去感悟人生,去读读诗集,还是挺不错的……

也是因为搞高考比搞竞赛闲一些,我也比之前多了许多时间。闲暇之时,读读杂志,看看电影,我还报了个党校的培训班……

似乎是时间多得无事可做,我竟然会在一次周末选择走回去……戴着耳机,走在鄂黄大桥上,我想我衣服穿少了。看着长江,突然想起了一年多前,一个孩子也是凭栏远望。想到这时,却摇摇头,觉得做一个普通人也挺好,我王钦不应该"问苍茫大地,谁主沉浮?"再想想当年那些"指点江山,激扬文字,粪土当年万户侯"的,不还是化为了一抔黄土,湮没在历史的长河中了吗……

一次偶然,我看了一部电影,里面的一句台词让我印象深刻:你是要做一名勇士还是一名懦夫?晚上在床上想了许多,我的感触颇深,想着想着天已快亮了,似乎启明星引导了我前进的方向,骑士,就应该骄傲地战死沙场!

又一次的竞赛训练,我翻出了陪着我一年的竞赛书,走向了竞赛教室。推开门,一切是那么的熟悉而又陌生,大家都惊喜诧异地看着我,又平静地低头自己做题去了……我心里对自己说道:欢迎回来,王钦!

我回来得平平淡淡,没有人喝彩,也没有人感到奇怪。大家还是像往常一样，看看书，看书看累了就聊天玩手机……这时的我已经将当初的"IMO,wait for me!"忘得一干二净，我只想进一个冬令营，然后就结束这段日子。

我依旧努力地学习，只不过没有了当初那份心罢了。当大家出去看电影、玩游戏时，我依旧在数学组竞赛教室努力地刷着题，唯一的乐趣就是看看婉约词，读读杂志，通过这些来感受外面世界的绿肥红瘦……

坚持不懈的练习带给我唯一的好处就是实力的变强和解题手法日益的精湛，陈老师给我们的练习以及测试我都会第一个做完……还记得当初的一次测试（忘记了是哪个国家的奥林匹克题，一共 8 道，陈老师想看看我们一个小时能做几道，其他的人基本都是 1 或 2 道，唯独潘圣其做了 3 道，而我却做了 6 道，剩下两道一道下楼梯的时候想出来了，另外一道吃饭的时候想出来了）做完之后，赞美声不绝于耳，而我当时却觉得这是我应该得到的，心中的骄傲又增加了……呵呵，后来觉得太过浅薄了……

时间如白驹过隙，一晃就到了暑期培训，而那时的我贪玩得一发不可收拾，逃课，坐堂旷课什么的都不在话下了……所幸去年的联赛挺简单的，不然我还真是过不了关了……

联赛完了之后，开始准备 CMO 考试，说是准备，其实可以说是一个更加疯狂的游戏，而我却沉迷于其中不得自拔……那段时间，我就没看过书……不出我所料，CMO 我失败了，败得彻彻底底，不过这败得也好，让我心里的那份骄傲荡然无存。

到此为止，我本应该辛苦而又因为充实感到快乐的高中生涯也就结束了，只不过这条路走得不是那么的平坦舒服罢了。而我也一改当初的心高气傲和目中无人，浮躁的心也渐渐平静了许多。只不过这条路被我猜中了结果，却被父亲猜中了过程罢了……

学习心得

第一，基础特别重要，于是我就先把一试给做完了，兼顾竞赛的同时不能忘记高考数学，特别是高考压轴题。

第二，做题时不能浮躁，刚开始不会做不要紧，不能直接看答案，得先尝试，然后实在做不出来再去看答案，还要分析做不出来的原因。

第三，一个经典的例题就要记下来，反复地揣摩，自己也要将这个题尝试着变通，从而得出这个题最终是什么样子的。

第四，唯有努力才是最关键的，在所有的方法中，也只有题海战术最直接最简单。

点评：

一个初生牛犊不畏虎的小伙，有冲劲，能吃苦，能为目标付诸行动。但学问的山峰中，一山更比一山高。只要你不懈地努力，一定能像"初生牛犊"那样排除人生旅途中的一切障碍，成为真正的男子汉。

——陈文科老师

学习需要兴趣

文/潘圣其

姓　　名：潘圣其

录取院校：清华大学2013级机械工程系

爱　　好：阅读、象棋等

座 右 铭：面对过去，不要迷离；面对未来，不必彷徨；活在今天，活出自己。

获奖情况：多次获得三好学生，优秀学生干部等荣誉

兴趣是一个人倾向于获得某种知识的心理，是推动人们求知的心灵力量。我们对某一学科有兴趣，就会专心致志地研究它，从而提高学习效果。另一方面，学习效果的提高和优秀成绩的获得有助于产生兴趣。所以，兴趣既是学习的原因，又是学习的结果。

从黄冈中学到清华大学

初三时，我参加了黄冈中学的理科实验班预录考试，并成功被录取。2010年7月，我来到黄冈中学，经过了两个月艰苦的集训选拔，我进入了9班（竞赛班）。

2010年9月，我们进行了为期十天的军训。刚开始以为没什么，只是站岗和走步而已。几天过去，才发现烈日下立正几十分钟却也不是那么好受的。检阅式上，头顶艳阳，整齐的步伐、飒爽的军姿告诉我，我的努力是值得的。虽然只有十天，但这次军训却教会了我坚持与吃苦的精神。

高一，由于我身在竞赛班，学习高考知识之余，还要学习数学竞赛知识，不免有些忙不过来。于是，我在"一心二用"的情况下，高考和竞赛都出现了"危机"。我的心情有些烦躁，于是经常看《读者》一类的杂志调节心情。虽然在"闲书"方面浪费了不少时间，但我养成了看书的好习惯。

高二，经过了一年时间的努力，我也终于在高考与竞赛间找到了平衡。高二参加的那次全国高中数学联赛，开始听说可以得一等奖，心中有些高兴。后来听陈老师说我离一等奖差几分，又有些许失落。当时心想，若是当初再用功一些，多考几分，不就能拿一等奖么？可是，我知道，后悔是无用的。于是,我更加努力地学习数学竞赛知识。之后,我还旁听了数学集训队的讲座。这次经历,不仅是一次历练,更是我一生中的心灵财富。

高三,我在数学竞赛中进入冬令营,并被清华大学机械工程系录取。之后,在冬令营中获得二等奖。

我的十条成功经验

下面谈谈我的一些经验,希望大家能够从中有所收获,找到只属于自己的学习方法与人生态度,提高自己的学习能力,培养自己的学习兴趣。

(1)学习兴趣源于心中的愿望

学习兴趣的养成需要一种"满足感",而这种"满足感"来源于两个方面。一方面,你学得好受到老师表扬、同学羡慕,这是外部因素;另一方面,通过学习,有了心灵的启迪与感悟,思想开了窍,或者说打通了"奇经八脉",获得了知识与技能,得到了智慧甘露的滋润。

(2)正确的学习态度

态度决定一切。学习态度,表现为学习的指向和欲求。

许多人往往把别人的优秀成绩归结于所谓的聪明,觉得别人经常踢球玩游戏也能取得好成绩是因为智商高,自己如果也那么聪明肯定也能这样。其实,你们只看到别人玩的一面,却没有看到他们认真学习的另一面。别人的"优秀"不是因为先天的聪明,而是源自于后天良好的态度。

正确的学习态度归结于"三习":课前预习,课上学习,课后复习。课前预习,可能有很多人认为很麻烦,其实预习很简单,粗略浏览一下,做到心中有数。课上学习,有的同学认为老师讲得太基础,高考根本用不到,这你就是大错特错。"千里之行,始于足下",没有课堂上打下的良好基础,你断然不能在学习与高考中成功。课后复习,及时的复习可以帮助你消化学到的知识,达到"更上一层楼"的境界。

(3) 蝴蝶效应

蝴蝶效应,南美洲亚马逊河流域热带雨林中的一只蝴蝶,偶尔扇动几下翅膀,可以在两周以后引起美国德克萨斯州的一场龙卷风。学习中的蝴蝶效应到处都有,下面仅举几例。A同学在高考数学考试中把一道本应拿全分的题的结果写错了,结果与心仪已久的大学失之交臂。B同学文采斐然,高考中,他的作文本应是作为典范的满分作文,却因为字迹潦草只获得个二等文的结果。所以,我认为,在平时养成良好的书写习惯与学习习惯至关重要。

(4) 木桶效应

木桶效应,即短板效应,一个木桶的盛水量决定于这个木桶的短板,而非长板。

学习中,我们不否认自己兴趣所在的"长板"学科,但更不能忽视我们不喜欢的"短板"学科。我们要有忧患意识,认清自己的"短板"学科,尽快把它们补起来。每个人都有自己不足的一面,面对"短板"学科,我们不应该去畏惧和逃避它,而应该正视它,在它上面花更多的精力,并培养对"短板"学科的兴趣,从而弥补劣势。

(5) 结交"良师益友"

结交朋友,我们要选择自己的"良师益友",决不交"损友"。

结交"学霸",可以教会我们好的学习方式。结交开朗的朋友,我们可以收获积极乐观的生活态度。结交见多识广的朋友,我们可以学习生活中宝贵的经验财富。反之,结交社会上的"不良少年",则只会引导我们走向堕落的深渊。

这里所说的"良师益友",并非单指"学霸",只要他有比我们优秀,或有让我们学习的地方,他就是值得交的"良师益友"。

(6)题海战术

针对题海战术,有人支持,认为更多的练习才会理解更深刻;有人反对,认为单纯的反复做题,既浪费时间,也不利于学习的培养。

我认为,我们应该正确理解并使用题海战术,而不是简单的认可或否认。

题海战术,无疑能让我们巩固学习过的知识,并加深理解与感悟。但是,我们不能单纯地为了做题而做题,不能只是为了完成任务式地去刷题。在做题的过程中,我们要去理解和思考,考虑从中学到了什么,从而收获自己的感悟与知识财富,进而达到由"量变"到"质变"的境界。

(7)窗明几净利于学习

我看到不少同学课桌里的东西放得乱七八糟,上课找书找了老半天都不一定找得到。也有的同学寝室或者家中自己的物品放得杂七杂八。对比,你可能不以为然,认为只要专心学习就可以了,这些"小事"无关紧要。

我认为,整理好自己的课桌与房间,不仅提高了自己的学习效率,而且让自己心情舒畅、心旷神怡,从而学习起来事半功倍,反之,周围东西一团糟,只会让我们心绪不宁,不知从何学起,学习只能是事倍功半了。

（8）劳逸结合

累，现在的学生是太累了！但，你有没有想过是什么让我们劳累？我们每天过着朝五晚九的生活，寝室、教室、食堂三点一线地忙碌着，你可曾想过放松一下？有些同学晚上学到十二点，白天老师上课的时候却在打瞌睡，这无疑是本末倒置的。也有的同学下课十分钟还在拼命学习，这样只会导致身心疲劳，严重影响学习效率。劳逸结合，才能让学习事半功倍。在你累了的时候，不妨去和同学聊聊天，出去走一走，又或者去打球。该学习的时候认真地学，该玩的时候痛快地玩。

（9）培养良好的心理素质

生活中难免会有失意。考试失败并不可怕，可怕的是失败之后情绪低落，一蹶不振，失去前行的动力。考试失利后，我们应该冷静分析自己的不足，然后努力去弥补自己的劣势，这样才能有更大的进步。考试不仅仅是对自己学习的检测，更是在磨砺自己的心理素质。正是一次次的磨砺，让我们在考试中取得成功，在今后的道路上，也是让我们受益一生的宝贵财富。

（10）珍惜现在的朋友

"得道者多助，失道者寡助"。人是社会性的动物，人活着离不开朋友。在你忙于学习时，不要冷落了你的朋友。在你抱怨室友弄乱你的东西时，用一颗宽容的心原谅他们吧。在你羡慕同桌学习比你好时，不妨谦虚地请教他自己学习上的疑问。在别人请教你时，不要害怕影响自己的学习，帮助他不仅能共同进步，还可以收获友谊的种子，高考之后，大家各奔东西，下一次见面的机会都不知道还有没有，所以，请珍惜现在身边的朋友吧！

点评：
　　一个有理想、有行动的年轻人，做学问时，如饥似渴地汲取知识的养分，不断充实自己。九层之台，起于垒土，千里之行，始于足下。一步一个脚印地走下去，成功将属于你们。

——陈文科老师